JN318801

書下ろし

七福神の謎77

武光　誠

祥伝社黄金文庫

本書は祥伝社黄金文庫のために書下ろされました。

はしがき

七福神と呼ばれる神様たちは、現在の日本で最も人気のある神様かもしれません。日本中のいたる所に、七福神巡りの霊場が見られます。

本書には特に広く知られた七福神の霊場の一覧を掲げましたが、これ以外に数えきれない七福神巡りのコースがあります。七福神巡りは、昭和五十年代なかば（一九七八―八三年頃）に急にふえました。日本橋《にほんばし》七福神などは、この時期につくられたものです。

この頃から、一月一日から七日までの間に七福神を参拝する人が多く見られるようになりました。誰もが貧乏を嫌い、豊かな生活を望んで、七福神の神様たちにお願いをして歩くのです。

日本が高度経済成長をとげていた時代には、日本人の八、九割が中流意識をもっていました。しかし高度経済成長が終わって先が見えない時代になり、その少し後に七福神巡りが流行しはじめたのです。

七福神は、インド、中国、日本のさまざまな神様から成ります。日本では生まれも育ちも違う神様たちが、力を合わせて人びとに福を授けると考えられたのです。

これから七福神の一つ一つの神様の性格や七福神信仰の歴史について説明していきましょう。

平成二十五年十一月

武光《たけみつ》 誠《まこと》

目次

第三章　日印ハーフ？　七福神のリーダー、大黒天の謎　65

第四章　紅一点の弁財天は美女なのか？　85

第七章 布袋様は実在の人物

第八章　なぜ日本人は七福神が好きなのか　149

第九章　七福神の歴史　169

第十章 歴史上の人物と七福神 187

本文装丁／中原達治

七福神の顔ぶれ

恵比須様《えびすさま》——日本神話に出てくる伊奘諾尊《いざなきのみこと》と伊奘冉尊《いざなみのみこと》の間の子である蛭子命《ひるこのみこと》（水蛭子）と、大国主命《おおくにぬしのみこと》の子の事代主命《ことしろぬしのみこと》が恵比寿様とされている。

大黒天《だいこくてん》——インドの神で、仏教に取り入れられた台所の神とされた仏。大国主命の別の姿ともされる。

弁財天《べんざいてん》——インドの川の神で、仏教に取り入れられて知恵の仏とされた。宗像《むなかた》大社や厳島《いつくしま》神社の祭神である市杵嶋姫命《いちきしまひめのみこと》の別の姿ともされる。

毘沙門天《びしゃもんてん》——インドの神で、のちに仏法の守護神とされる四天王《してんのう》の一つとされた仏。

福禄寿《ふくろくじゅ》——中国で祭られた南極星《なんきょくせい》の神。中国の泰山《たいざん》の山の神ともされる。

寿老人《じゅろうじん》——中国で祭られた南極星の神で、道教の開祖である老子《ろうし》ともいわれる。

布袋尊《ほていそん》——中国で九世紀後半から一〇世紀にかけて実在した禅僧。かれの没後、布袋尊を弥勒菩薩《みろくぼさつ》の化身とする信仰がつくられた。

七福神の顔ぶれ

『七福神宝の入船』図
（日本銀行貨幣博物館所蔵）

第一章

笑う門には福来る。七福神とはどんな神様なのか?

1 福の神は商人が作った？

困った時の神頼み

七福神に代表される福の神は、人びとが将来に不安を感じて神頼みしたくなる時に流行する。日本人をみていくと、このことがよくわかってくる。

室町時代には朝廷の指導力が低下し、室町幕府の将軍を務める足利《あしかが》家も大して力を持っていなかった。数カ国を治める有力な守護《しゅご》大名が各地で勢力を張っているのに、将軍は山城国《やましろのくに》一国だけの守護大名にすぎない。

こういった背景の中で誰にも頼らず自分の才覚で財産を築いた京都の商人たちが、しきりに福の神を祭るようになった。この時代に作られた狂言《きょうげん》『福の神』から、当時の福の神信仰の性格がうかがえる。

福の神を演じる役者は、笑いながら登場する。そして狂言の「留《と》め」つまり最後の締めの部分で、

「はあーっ、はーっ、はっ、はっ、はっ、はっ……」

と高らかに笑う。福の神は笑いが幸福を招く、つまり「笑う門には福来《きた》る」という思想を人びとに教える神と考えられていたのである。

農民の信仰、商人の信仰

じつは、「笑う門には福来る」という考えは、人びとが笑えなくなった時、つまり安心して生活できなくなった時に広まるものである。神道には、

「あちこちの神様に頼み事をすると、どの神様も助けてくれなくなる」

という考えがある。これは、古代の農民の信仰からくるものであった。何代にもわたって同じ村落で生活していた古代の日本人は、自分たちの祖先神であり大地の守り神である氏神様《うじがみ》だけを祭っていた。これは亡くなった祖先の霊魂が力を合わせて自分たちの村落を守ってくれるとする祖霊信仰《それいしんこう》に拠《よ》るものであった。

農村の人びとは、自分たちが助け合って農業を営んでいれば氏神様が守ってくれると考えて氏神様だけを祭った。ところが自分の才覚で取引をする商人は、売買に失敗

すれば無一文になってしまう。

京都の商人は農村の守り神を祭っても、商売の発展は期待できないと考えた。そのために、かれらはさまざまな福の神を祭るようにした。

商取引の場では、幾つもの才能が必要になる。それゆえ室町時代の商人は武芸の神、学問の神、芸能の神など複数の神を信仰するようになったのである。

2 福の神様を七つ集めろ

七福を授ける神

後（180ページ参照）で詳しく説明するが、仏教が七福とする幸運をもたらす七柱の神が選ばれて七福神になったとする説明もある。室町時代に密教僧や修験者《しゆげんじゃ》（山伏《やまぶし》）が祈禱《きとう》の中で用いた、

「七難即滅《しちなんそくめつ》、七福即生《しちふくそくしょう》（七つの難を消して七つの福を授けたまえ）」という句がある。この句にもとづいて、七福神がつくられたというのである。

図1　氏神と福の神

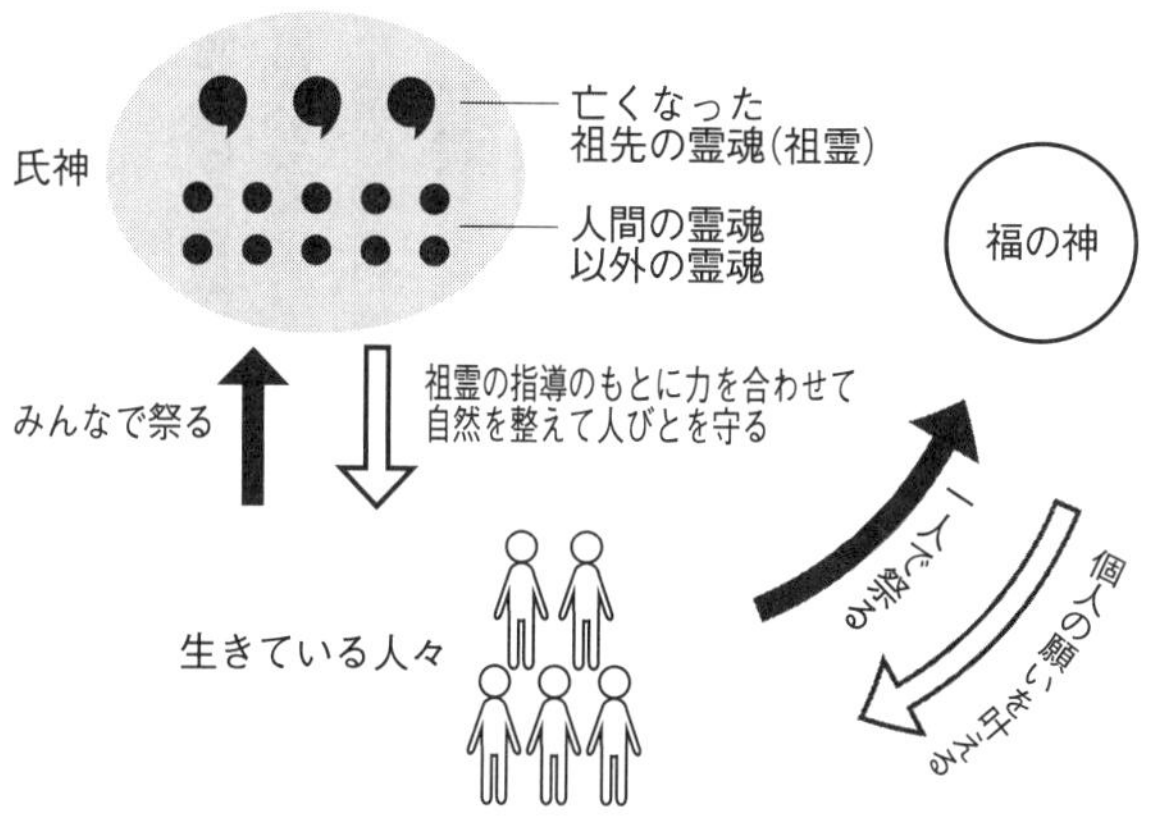

古代の日本の知識人も中国の知識人も、「七」という数字を好んだ。「七」は完結した数字で、物事は七日、七月、七年を単位に循環するともいわれた。

現在の暦に用いられる日曜から土曜までの七曜は、古代バビロニア（現在のイラクのあたりにあった国）の天文学で用いられたものである。これが西洋に広まり、インド経由で中国に入ってきた。天《てん》台宗《だいしゅう》や真言宗《しんごんしゅう》の学問僧が行なった占術にも、七曜が用いられている。

日本でも主だったものを七つ集めて、「七××」と呼んだ例が多くみられる。東大寺《とうだいじ》、興福寺《こうふくじ》などから成る南都《なんと》七大寺《しちだいじ》や、東海道《とうかいどう》、東山道《とうさんどう》などの七道《しちどう》はその例である。

竹林《ちくりん》の七賢《しちけん》が七福神に

中国の文人は、竹林《ちくりん》の七賢《しちけん》を好み竹林の七賢の姿を描いた絵画を多く残した。七賢とは中国の魏《ぎ》朝《ちょう》末から西晋《せいしん》朝《ちょう》はじめ（三世紀後半）に活躍した知識人で、道教の老《ろう》荘《そう》思想に従って世俗を避けて静かな竹林の中で高尚な話にふけった人びとである。

室町時代の禅僧の間で、中国の明《みん》代の水墨画《すいぼくが》（墨一色で描いた絵）を手本に竹林七賢図を描くのが流行していた。こういった中で、瓊春《けいしゅん》という禅僧が七賢図をまねて、七柱の神の姿を描いた「七福神図」を作り出した（25ページ参照）。

これが評判になって、七福神の絵が広まっていったという。瓊春の「七福神図」は善光寺《ぜんこうじ》（長野市）の宝物とされていたが、文明《ぶんめい》五年（一四七三）の火事で焼失したと伝えられている。

歴史学者の喜田貞吉《きたさだきち》は、竹林七賢図の広まりと七福を授ける神を祭る商人の信仰とが結びついて、七福神ができたとする説を昭和初年に出している。

3　シルクロードを渡って集まった三カ国の神様

インドの三柱、中国の三柱、日本の一柱、東洋のさまざまな神様が集まって、七福神になった。七福神は、西洋人を知る前の日本人が国際規模で集めた神々である。

戦国時代にポルトガル人が日本に鉄砲を伝えた（一五四三年）ことをきっかけに、日本人はヨーロッパとの貿易を始めた。しかしこの鉄砲伝来より前にあたる室町時代の日本人は、

「世界は、日本、中国、インドとその周辺の小さな国から成る」

と考えていた。

七福神の中の大黒天、弁財天（弁才天）、毘沙門天は、本来は古代インドで信仰されたバラモン教の神であった。福禄寿と寿老人は、中国の道教で祭られた星の神で、布袋尊は死後に神格化された中国の実在の人物である。このような外国の多様な神が、日本で人気のある神様である恵比寿様と合わさって七福神となった。

福をもたらす外国の神

インドで誕生した仏教は、シルクロードを通って中国に入った。紀元前五世紀にゴータマ・シッダルタという修行僧が、悟りを得て仏教をひらいた。シッダルタはのちに、釈尊《しゃくそん》や釈迦《しゃか》の尊称で呼ばれた。仏教は本来は、自ら考えて悟りに到ることを勧めるものであった。

ところがこの仏教が紀元一世紀に、アフガニスタンにあったクシャナ朝（一―三世紀）で新たな展開をした。仏教が、

「仏像を拝めば、御利益が得られる」

と説く大乗《だいじょう》仏教に変わったのである。この考えにもとづいてクシャナ朝のガンダーラでは、多くの石仏が作られた（110ページ参照）。

このような大乗仏教が、すみやかにシルクロードの東方の終点である敦煌《とんこう》を経由して中国に広がった。中国の知識層は、一世紀末には仏教を知っていたと考えられる。

仏教はやがて、中国の庶民に広まった。中国の人びとは御利益のある仏像を拝んで、富、長寿、子孫繁栄を祈った。中国人の最大の望みが、この三つであったからで

ある。

道教の神も、富、長寿、子孫繁栄をもたらすものとして祭られた。中国の庶民にとっては、仏も道教の神も変わらないものであった。中国で祭られたさまざまな仏や道教の神の中で室町時代の禅僧に好まれたものが選ばれて、日本独自の恵比寿の神と共に七福神となったのだ。

4 七福神異聞、鍾馗《しょうき》、猩々《しょうじょう》、吉祥天女《きっしょうてんにょ》も七福神？

鍾馗、猩々、吉祥天女も七福神だった

七福神の顔ぶれが現在のような形になるのは、江戸時代なかば以後のことである。それ以前には鍾馗《しょうき》、猩々《しょうじょう》、吉祥天女《きっしょうてんにょ》を加えた七福神もみられた。

25ページにあげた瓊春の七福神図には、弁財天の代わりに臼女命《うすめのみこと》（天鈿女命《あまのうずめのみこと》）が入っている。秋月《しゅうげつ》という僧侶が室町時代の延徳《えんとく》年間（一四八九―九一年）に描いた福の神の絵には、鍾馗が見える。鍾馗は中国の唐代に実在した、玄宗《げんそう》皇帝の夢の中に

現われて魔を払って皇帝の病気をなおしたと伝えられる人物である。

かれは中国でのちに魔除けの神として祭られ、五月人形となって日本人にも愛された。

江戸時代はじめに摩訶阿頼矢《まかあらや》という筆名の文人（本名は不明）が書いた『日本七福神伝《にほんしちふくじんでん》』には、寿老人がなく吉祥天が七福神の中の一柱とされている。吉祥天は古代インドの幸運と美の女神が仏教に取り入れられてできた仏で、古くから日本人に好まれた。奈良の薬師寺《やくしじ》には天平文化の代表作の一つで奈良時代に描かれた美しい吉祥天の画像が伝わっている。

江戸時代はじめにあたる延宝《えんぽう》八年（一六八〇）に書かれた『合類節用集《ごうるいせつようしゅう》』という辞書にも、寿老人はなく、その代わりに猩々が入っている。猩々は中国の想像上の神獣である。この神は酒を好み、人びとに親孝行を説くという。

歴史学者の故喜田貞吉氏は狂言に現在のような七福神がみられるというが、狂言作品の数が多いのでこのことは確認できなかった。江戸時代なかばすぎにあたる寛政一一年（一七九九）頃に記された山本時亮《ときすけ》『七福神考』には現在のような七福神が揃《そろ》っ

図2　いろいろな七福神

出典	現在の七福神	現在のものと違う七福神
瓊春	蛭子神　大国主命　毘沙門天　臼女命（天鈿女命）　布袋和尚　福禄寿　寿老人	
秋月	大黒　布袋和尚　福禄寿	鍾馗　他に唐子二人
狂言七福神	恵比寿　大黒　多聞天　弁才天　布袋和尚　福禄寿　寿老人	
日本七福神伝	蛭子神　大黒天　多聞天　弁才天　布袋和尚　南極老人	吉祥天
合類節用集	恵比酒　大黒天　毘沙門天　弁財天　布袋和尚　福禄寿	猩々
七福神考	恵比寿　大黒天　毘沙門天　大弁財天　布袋和尚　福禄寿　寿老人	

喜田貞吉『福神の研究』（日本学術普及会刊）より

ている。

鍾馗や吉祥天、猩々を入れた七福神には寿老人が見られない。江戸時代なかばになってようやく寿老人が七福神となり（126ページも参照）現在のような七福神の顔ぶれが定着するのである。

日本の神様を集めた七福神

純粋な日本の伝統を重んじた江戸時代の国学者（日本の古典を研究する学者）の中には、さまざまな国の神様が混じり合った七福神に反発する者もいた。増穂残口《ますほざんこう》という国学者が、元文《げんぶん》二年（一七三七）に『七福神伝記《しちふくじんでんき》』という著述を発表している。

その中で増穂は、大己貴尊《おおなむちのみこと》（大国主命《おおくにぬしのみこと》）、事代主命《ことしろぬしのみこと》（恵比寿様）、厳島大明神《いつくしまだいみょうじん》（市杵嶋姫命《いちきしまひめのみこと》）、天穂日命《あめのほひのみこと》、高良《こうら》大明神（武内宿禰《たけしうちのすくね》）、鹿島《かしま》大明神（武甕槌命《たけみかづちのみこと》）、猿田彦大神《さるたひこのおおかみ》を七福神としている。いずれも『古事記』や『日本書紀』に出てくる日本の神である。

市杵嶋姫命は素戔嗚尊《すさのおのみこと》の子神で、天穂日命は出雲《いずも》大社の神職を務める出雲氏の祖先神である。武内宿禰は古代の有力豪族、蘇我《そが》氏や葛城《かつらぎ》氏の祖先神で、武甕槌命は高天原《たかまがはら》（空の上の神々が住む世界）から地上に降って大国主命を従えた神で武芸の神とされる。猿田彦は、皇室の祖先を地上に案内した神で、道祖神《どうそじん》として祭られている。

増穂は福を授ける日本の神を祭るように人びとに説いたが、国産の七福神は庶民には広まらなかった。

5　なぜ宝船に乗っているのか？

宝船の七福神の席順

江戸時代に、一月二日の夜に見る夢を初夢とする習俗が広がった（164ページ参照）。そして、

「初夢を見る日には枕の下に七福神の宝船の絵を敷くと良い」

という俗説が生まれた。

江戸の町では、木版印刷の宝船を売り歩く者の姿が目立った。このことによって私たちは七福神といえば、七柱の神様が「寶《たから》(宝)」と書いた帆を上げた宝船に乗った図を思い浮かべるようになった。

宝船の帆に「寶」の他に、悪い夢を良い夢に変えるとされる「獏《ばく》」の字が書かれることもある。七福神の中で大黒天、恵比寿様の人気が高く、弁財天がそれに次ぐ。

そのため宝船には、前列中央に弁財天を配して、その左右に大黒様、恵比寿様を座らせるものが多い。毘沙門天、布袋尊、福禄寿、寿老人は後列に並べられる。弁財天という美女を最も目立つところに描くと、絵が華やかになると考えられたためである。

徳川家康《とくがわいえやす》(211ページ参照)が狩野派《かのうは》の画家に描かせたことをきっかけに、宝船に乗った七福神の図が広まったともいわれる。しかし京都の禅寺では、室町時代後半から宝船に乗った七福神の絵が描かれていた。七福神信仰が広まってまもなく、「七福神が船に乗って訪れてくる」といわれるようになったのである。

海の果ての常世国《とこよのくに》から来る神

宝船の図に、次のような五七五七七の和歌に似せた回文《かいぶん》が書かれていることが多い。回文とは、上から読んでも下から読んでも、同じになる文章である。

「なかきよの、とをのねふりの、みなめざめ、なみのりふねの、をとのよきかな（長き夜の遠の眠りの皆目覚め浪乗り船の音の良きかな）」

これは、聖徳太子《しょうとくたいし》（188ページ参照）の和歌と伝えられる。この和歌は、七福神の船が波の上をやって来て幸福を授けるありさまを詠んだものである。

古代の日本人は、「幸福が海の果てから来る」という考えをもっていた。『古事記』などには、常世国《とこよのくに》という海の果ての神々が住む世界が出てくる。

常世国から来た神様が人びとに有益な知識を授けてくれるとも、亡くなった人間は霊魂となって常世国に行って永遠に生きるとも言われた。

『古事記』などに、事代主命が皇室の先祖に地上の支配権を譲ったあと、船に乗って海の彼方に行ったとする物語がある。のちに事代主命は常世国から、人びとの住む世界を訪れて助けてくれる恵比寿神になったといわれた（46ページ参照）。

七福神が宝船で海の果ての神々の世界から来るとする発想は、このような伝説を踏まえて作られたものであろう。

6 七福神は神か仏か、神社か寺か？

神社と寺院を巡る七福神詣で

七福神の多くは、神様の要素と仏様の要素とを合わせ持っている。そのために七福神詣では、幾つかの神社と数か所の寺院とを巡る形をとっている。

そのため神社に行けば、二拝二拍手一拝（二回頭を下げて二回拍手して一回頭を下げる）で参拝し、お寺では合掌（手を合わせる）して頭を下げて拝むことになる。

東京で最も馴染《なじ》みのある隅田川《すみだがわ》七福神（132ページ参照）では、恵比寿様、大黒天、寿老神（寿老人）が神社で、毘沙門天、布袋尊、弁財天が寺院で祭られている。福禄寿の像を安置する向島百花園《むこうじまひゃっかえん》（218ページ参照）は神社でもお寺でもなく庭園だが、そこの福禄寿堂は仏教の形式でお参りするのが無難であろう。

神仏習合と七福神

明治維新の直後に、明治政府が神仏分離を行なって神社と寺院とを厳密に区別した。しかしそれ以前は、「神様も仏様も同じものである」と説かれてきた。

これは平安時代なかば頃から、天台宗と真言宗の有力寺院の主導で神仏習合が行なわれてきたためである。仏ははるか昔から何度も生まれ変わってきたものだから、日本の人びとは仏の多くの姿の中で日本に生まれた時の姿を神様として祭ったというのが本地垂迹説《ほんじすいじゃくせつ》である。

この考えにもとづいて、天照大神《あまてらすおおみかみ》が大日如来《だいにちにょらい》だとか、天神様（菅原道真《すがわらみちざね》公）は十一面観音《じゅういちめんかんのん》だとかいわれた。そのため弁財天、大黒天、毘沙門天といった人びとに好まれた仏が、神社で神として祭られることも少なくなかった。しかし禅僧が好んだ道教の神、福禄寿と寿老人が日本の神と習合することはきわめて珍しい。

高僧として僧侶たちに慕われた布袋尊（布袋和尚）を信仰する神社もきわめて少ない。つまり福禄寿、寿老人、布袋尊の中国系の七福神は、お寺で祭られてきた例が多いのである。

この他に、本来は日本の神を祭る神社が仏教系や中国系の七福神を祭神とするように変わったところもある。市杵嶋姫命が弁財天、大国主命が大黒天と神仏習合した神社はかなりある。本来は隅田川の川の神を祭っていた白鬚《しらひげ》神社は、寿老人と結びついて寿老神と呼ばれるようになった（133ページ参照）。しかし、これは特殊な例で、日本の川の神がすべて寿老人と結びついたのではない。

7 七福神は格の低い神なのか

福の神信仰の手軽さ

古くから農民たちに氏神として祭られた神様は、一つの地域の自然を整える権威ある神であった。人びとは種播《ま》きの前に春祭りを行なって豊作を願い、稲収穫の後に秋祭りを行なって氏神様に感謝した。

氏神の祭りを疎《おろそ》かにすると、冷害、虫害、台風、日照りなどの災厄に見舞われるともいわれた。地方豪族が祭った氏神の大部分は、大国主命であった。

古代のこれに対する福の神は、個人の願いを叶える神として祭られた。そのためその時の流行によって、さまざまな神様が手軽に願い事を頼める神として勧請《かんじょう》（神社やお寺の分霊を迎えて祭ること）されて広まった。全国に見られる赤い鳥居の稲荷《いなり》神社は、その代表的なものである（163ページ参照）。

大黒天、弁財天、毘沙門天は、仏の中では格の低いものであった。最も格の高い仏が釈迦如来《しゃかにょらい》などの如来で、菩薩《ぼさつ》、天部《てんぶ》、明王《みょうおう》がそれに次ぐ。観世音《かんぜおん》菩薩などの菩薩は、如来になるための修行中の仏で、天部は仏法に従って仏法の守り神となったインドの神である。

明王とは大日如来に従う、大日如来の使者である。日本人は如来ではなく、日本の神様に似た性格をもつ古代インドの神であった天部の仏を身近なものに思って福の神としたのである。

現世利益を授けると語る福の神

東京都府中市《ふちゅうし》大国魂《おおくにたま》神社、茨城県大洗町《おおあらい》大洗磯前《いそざき》神社など、大国主命系の神様を祭る有力な神社は多い。しかし古代から続くそのような神社が、七福神詣でに加えられることはまずない。

大黒天の像を祭る寺院や小さな大国主命の神社が、七福神巡りの一つとされる例が大半なのだ。福禄寿、寿老人、布袋尊の中国系の福の神も、日本人にあまり馴染みのない神々である。日本人は、古くは有力な神様を怒らすと怖い神罰が下ると考えていた。七福神は、御利益がなくてお参りしなくなっても神罰が下らないと思われるほどの格の低い神とされたのであろう。前（16ページ参照）に紹介した狂言『福の神』に登場する福の神は、福の神を祭った利兵衛《りへえ》、八兵衛《はちべえ》の二人にこういったことを誓う。

「私のような福の神に酒や供物を十分に供えるなら、あなたたちを富貴な身にしてあげよう」

福の神は一つの地域、あるいは日本全体の守り神として自然を整えて多くの人を助ける有力な神ではなく、お供えをする者だけに、それに合った御利益を授ける神とされたのである。

第二章

唯一の日本生まれの神様、恵比寿様

恵比寿、恵比須、戎、夷、蛭子、数多くある「えびす」の謎

8 恵比寿様は二柱いる

漂着物が「えびす様」

室町時代以後、恵比寿様は日本神話に出てくる神々の中で最も庶民に身近な神様とされた。これは漁民の間に古くから広まっていた漂着物を祭る習俗が、福の神信仰と結びついたことによるものである。

「えびす」の神を表わす、きわめて多様な表記がみられる。その主なものを掲げておこう。

恵比寿、恵比須、戎、夷、蛭子、恵比酒、江美須、江比須、狄、胡。

これらすべてが「えびす」と訓《よ》まれる。「えびす」のことを、「えべつ」や「えべっ」と呼ぶ地方もある。また「えびすさま」、「えべつさま」と「さま」を付けて呼ばれるところも、「えびすさん」、「えべつさん」と「さん」を付けるところもある。

「えびす」神が多くの人に愛され信仰されたために、このような多様な表記や呼び方が生まれたのだ。

漁業地帯には、海から上がった漂着物をご神体として祭る習俗が広くみられた。丸い石、鯨《くじら》の骨、南方から流れて来た日本にない道具などが、異国から来た「えびす神」とされたのだ。

古代の漁民はこのような「えびす神」を、豊漁をもたらす海の神と考えたのだ。

蛭子命《ひるこのみこと》と事代主命

古代の日本人は、「見慣れないものを、粗末に扱ってはならない」と考えた。かれらは朝鮮半島や南方から新たな未知の技術を得て、文化を発展させてきた。

そのために自分たちに理解できないものは、役に立つものかもしれないとされた。

そして海の果てから流れて来た不思議な物には、神様が宿っているのではないかとも考えた。

『古事記』などが記す中央の神話が朝廷によって広められたのちに、漂着物を御神体とするえびす神が日本神話に出てくる海の果てに去った神と結びつけられた。そのために伊奘諾尊《いざなきのみこと》と伊奘冉尊《いざなみのみこと》が船に乗せて海に流した蛭子命《ひるこのみこと》（水蛭子）と、皇室の祖先に地上の支配権を譲って海の果てに行った事代主命が「えびす様」とされたのである。

9 蛭子命が恵比寿になる

日本神話の中の蛭子命の誕生

蛭子命は、伊奘諾尊と伊奘冉尊の夫婦を主役とする「国生み」の神話に出てくる神である。『古事記』が記す、蛭児誕生にまつわる神話の大筋を記しておこう。「蛭子命」というのは、西宮《にしのみや》神社（42ページ参照）の祭神の名称で、『古事記』は蛭子命のことを「水蛭子」と表記している。

はるか昔の地上は、どろどろで海と陸との区別もなかったが、高天原の神々からの命を受けた伊奘諾尊と伊奘冉尊が、日本を構成する島々を作った。この二柱の神は、まず巨大な矛《ほこ》で地上をかき回して、淤能碁呂島《おのごろじま》を出現させた。

そのあと二柱の神は、島に降りて、巨大な柱を立てた。かれらは柱の周囲を回って出会った時に声を掛け合って夫婦になろうとしたのだ。ところが女神が先に「ああ、なんと素晴らしい若者だろう」と言ったために、水蛭子という不本意な子供が生まれた。

そのため夫婦の神は、水蛭子を葦船《あしぶね》に乗せて海に流した。

人びとに海の果てから招かれた蛭児

伊奘諾尊と伊奘冉尊は、水蛭子の次に淡島《あわしま》を産んだが、これも不満足な子だった。そのために夫婦の神は高天原の神々の教えを受けて、男性が先に声を掛けて子供を産むことにした。

伊奘諾尊が先に「ああ、なんと素晴らしい乙女《おとめ》だろう」と言ったところ、まず淡路《あわじ》島が誕生した。そしてこれに次いで日本列島の島々が次々に生まれた。

海に流された水蛭子（蛭子命）は、そのあと『古事記』の神話に登場しない。しかしのちに蛭子命は、日本を構成する島々の神より兄に当たる尊い神と考えられて、海から来る神として祭られるようになった。

10 海から帰ってきた蛭子命が、西宮の漁民の漁業の神に

西宮の広田《ひろた》神社の夷社

蛭子命は、日本神話の「国生み」の物語にだけ出てくる神である。そして奈良時代から平安時代なかば頃にかけて、蛭子命に関する伝説は全く見られない。

蛭子という名前は、もとの国生み神話では「ヒルという虫のような不完全な子が生まれた」ことを伝えるだけの存在にすぎなかったのであろう。

平安時代末になって突然、この蛭子命が西宮の「えびす神」として出現する。「西宮のえびす神」のことを記した最古の文献は、橘忠兼《たちばなのただかね》の編に成る『色葉字類抄《いろはじるいしょう》』（三巻本）という辞典である。これは、天養《てんよう》年間から治承《じしょう》年間の間（一一四四―八一年）に成立したものである。

この『色葉字類抄』の摂津国広田社《せっつのくにひろたしゃ》の条に、広田社の摂社《せっしゃ》（付属する神社）として

図3　広田神社と西宮神社

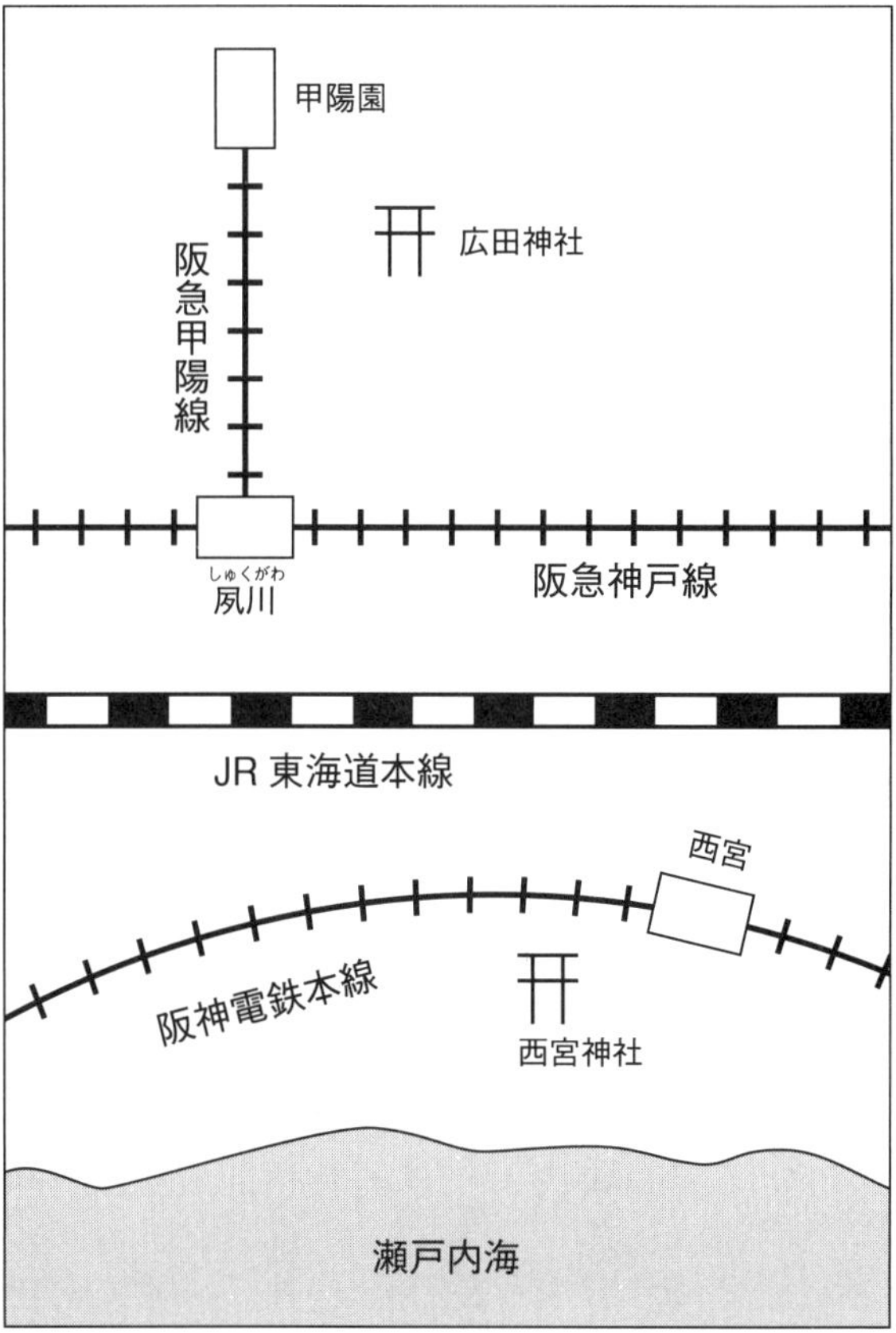

「夷（毘沙門、エビス）、三郎殿《さぶろうどの》（不動明王《ふどうみょうおう》）」という記述がある。これは広田神社の摂社の中に、夷神社と三郎殿神社があったことを意味するものである。

広田神社とえびす神

兵庫県西宮市の広田神社は天照大神の荒魂《あらみたま》（怒った時の神霊）を祭る神社で、平安時代には朝廷から重んじられていた。

現在は「西宮大神《にしのみやおおかみ》」と呼ばれる蛭子命《えびすのみこと》を祭る西宮神社が広田神社より有力だが、広田神社は平安時代に皇室が特に重んじる二十二社《にじゅうにしゃ》の一つとされていた。広田神社は山の麓《ふもと》にあり、西宮神社は海岸の近くに位置する。

現在の西宮のあたりを支配して広田神社を祭っていた地方豪族が、近くの海岸の漁民の集団を支配下に組み入れたのであろう。その時に、漁民が信仰していた「えびす」の神も、「三郎殿」の神も広田神社の摂社とされたと考えられる。

神仏習合の考えから、えびすは毘沙門天、三郎殿は不動明王とされた。これに対して広田神社が祭る天照大神は、天台宗や真言宗が最も格の高い仏とする大日如来の化身と考えられていた。広田神社の支配下の神は、如来、さらにその下の菩薩より格下の天部や明王の仏にあてられたのだ。

えびす神も、三郎殿も、古くは漁民が漂着物を祭るものであったとみられる。そしてそのような神が、広田神社と繋がりを持ったことをきっかけに、神話の水蛭子（蛭子命）と結びつけられたと考えられている。「えびす様」が、天照大神より格下ではあるが、天照大神と同じ伊奘諾尊を父とする神である水蛭子（蛭子命）とされたのである。

11 海から帰ってきた蛭子命。貿易商の神、商家の神の恵比寿様

蛭子命が航海の神に

西宮の夷の神社も、三郎の神社も、古くは漁民の小さな集落の氏神であったと考えられる。この夷を祭る神社と三郎を祭る神社が合併したうえに、周囲の小さな海の神

の神社も吸収して西宮神社になり、しだいに有力になっていったとみられる。

この新たな神社は、最後には現在の西宮市を中心とする大阪湾沿岸の比較的広い範囲の漁民の集団の氏神とされたのであろう。つまり個々に神社を設けていた十数個の漁民の集落がまとまって、一つの神社を祭るようになったのである。

これと共に西宮神社は、大阪湾沿岸を航行する商人からも、航海安全の神として祭られるようになっていった。平清盛《たいらのきよもり》の日宋《にっそう》貿易の振興で、日本に大量の宋銭（中国の宋朝の銅銭）が輸入されたことが、流通拡大を促《うなが》した。宋銭という信頼のおける貨幣が普及したために鎌倉時代に商業が急速に発展した。農村を巡る行商人がしきりに活躍した。さらに、船を用いて九州や瀬戸内海沿岸と京都の間の大掛かりな取引を行なう商人も、現われた。

このような長距離の交易に従事する有力な商人が、大阪湾沿岸の航路の安全を祈って西宮神社に参拝するようになったのである。現在、西宮神社では一月九、十、十一日に賑《にぎ》やかな十日戎《とおかえびす》の祭礼が開かれている。この祭りは、西宮神社が遠方の商人の参詣者を集めるようになった鎌倉時代に始まったものだ。

日明《にちみん》貿易と大坂の繁栄

室町幕府のもとで、日本と中国の明朝《みん》との公式の貿易が始められた。これを日明《にちみん》貿易という。日明貿易の担い手となったのは、博多《はかた》と堺《さかい》の商人であった。日明貿易で豊かになった堺の貿易商は、航海の神である西宮神社にさまざまな支援をした。

堺は戦国時代に最盛期を迎えるが、江戸時代には大坂が堺に取って代わった。江戸幕府が大坂を直轄領にして、そこを全国の商業の中心地とする政策をとったためである。

これによって諸藩の余った米や特産品が全国から大坂に集められ、そこから各地に売られるようになった。米、生糸、絹織物などの大規模な取引で成長した大坂の豪商は、西宮神社を福の神の一つと考えてしばしば参詣した。

江戸時代の大坂の商家では、一月十日の十日戎の日や毎月十日の恵比寿講《えびすこう》（55ページ参照）の日に恵比寿様の像が抱えている鯛を食べる習慣が作られて広まった。大坂の町の繁栄によって、恵比寿信仰が大きく発展したのである。

12 海から帰ってきた事代主命の恵比寿様。蛭子命とは別の神様？

出雲の美保《みほ》神社の恵比寿信仰

島根半島の先端近くの美保関《みほのせき》に、事代主命を祭る美保《みほ》神社（松江《まつえ》市）がある。この神社は、古くは美保関のあたりを治めた漁民の首長（指導者）が、海の神を祭った神社であった。

事代主命は、もとは漁民の集団の氏神で豊漁をもたらす神であったが、そこの首長が出雲氏に従った（72ページ参照）あと大国主命の子神とされた。さらに『古事記』の物語では、美保で漁をする事代主命がすすんで皇室の祖先に国譲りをして海の果てに去った神とする物語がつくられた。

美保関の事代主命は、もとは海の果ての常世国に住む神と考えられていたとみられる。この神は祭りの時だけ、海を渡って美保関を訪ねてくるとされたのだ。

のちに西宮神社から海から来る恵比寿様の信仰が広まると、西宮の神に似た性格をもつ美保関の事代主命も恵比寿様であると考えられるようになった。美保神社の神様が恵比寿様として新たに福の神にされたのは、室町時代末頃のことではあるまいか。

大阪の今宮戎《いまみやえびす》

大阪で人気のある福の神に、大阪市浪速《なにわ》区の今宮戎《いまみやえびす》神社がある。一月九日、十日、十一日に行なわれる十日戎に、約一〇〇万人の参拝者が今宮戎を訪れる。

今宮浜という漁村の漁民が古くから祭っていた豊漁の神が、室町時代に今宮戎という有力な神社になった。広田神社の戎神《えびすがみ》の分霊が迎えられて今宮戎になったとする説もあるが、今宮戎神社は現在、「聖徳太子が今宮戎をおこした」とする立場をとっている。

今宮浜に浜《はま》の市《いち》という市が開かれるようになったのちに、今宮の「えびす神」が商売繁昌の神になっていった。そして今宮のえびす神が各地の商人の信仰を集めるようになったのちに、今宮の人びとが、

「今宮の神は、西宮のえびす神とは別の神だ」

と主張し始めた。かれらは今宮のえびす神を、庶民に人気のある大国主命の子神である事代主命とした。今宮のえびす神が事代主命とされるようになったのは、室町時代後半の頃ではあるまいか。

江戸時代に大坂が町人の町として発展すると、今宮戎神社は福の神として商人たちに信仰された。この時期から今宮戎の十日戎は、大そうな賑わいをみせた。

江戸時代に今宮戎の繁栄にあやかって、大坂周辺に事代主命を福の神として祭る神社が広まっていった。さらに大坂と取引のある各地の商人も、事代主命の恵比寿様を祭って商売繁昌を願った。

美保神社のような地方豪族などが古くから事代主命を祭っていた神社が、のちに事代主命を福の神とした例もある。しかし私は、福の神としての事代主命信仰は主に今宮戎神社から広まったと考えている。

図4　美保神社

13 蛭子命、その名は夷三郎？ 西宮の福の神

夷の神と三郎の神

これまでに記したように、福の神としての恵比寿信仰は、まず蛭子命を祭る西宮神社によって広められ、そののちに事代主神を祭る恵比寿信仰が作られたと考えられる。前（42ページ参照）に記したように西宮の夷神と三郎神とは別の物であったが、この二柱の神が結びつけられて夷三郎という名前の神になり、日本神話の水蛭子と結びつけられた。

そのため西宮では、「蛭子」と書いて、「えびす」とも「ひるこ」とも訓む。そして水蛭子（蛭子命）は淡路島から西宮に流れついたといわれた。

「伊奘諾尊と伊奘冉尊に葦船に乗せられた。海に流された蛭児は、摂津国西の浜（西宮）の海岸に漂着した。この時土地の人びとが蛭子命を拾って、夷三郎殿と呼んで大事に育てた。夷三郎殿が、人びとに福を授ける戎大神《えびすのおおかみ》である」

というのである。淡路島とその近くの西宮の間の船を用いた交易が日常的に行なわれる中で、恵比寿様が淡路島から来たという話が生まれたのだろう。それは民話に多くみられる、親から見放された子がのちに立派な大人に成長するという貴種流離譚《きしゆりゆうりたん》の形をとっていた。

西宮神社の発展

室町時代に書かれた『神道集《しんとうしゆう》』の中に、伊奘諾尊と伊奘冉尊の夫婦が、この世の主《あるじ》を儲けようとして一女三男を産んだという記事がある。一女が蛭児尊《ひるこのみこと》（蛭子命）で、三男が太陽の神の天照大神、月の神である月読尊《つくよみのみこと》、素戔嗚尊だというのである。

これは西宮から淡路島に伝わった、西宮恵比寿関連の伝説をもとに記された記述だと考えられている。

また江戸時代の西宮神社の主張の一つに、このようなものがある。

「西宮神社の祭神は、日の神、月の神の次に生まれた神として夷三郎と名付けられた」

恵比寿様が西宮で皇室の祖先神である天照大神に近い地位の神であると称えられていたありさまがわかる。

西宮神社は、もとは広田神社の摂社であった。しかし室町時代には西宮神社の名が広まり、本社である広田神社の名を覆い隠してしまうほどになった。

応永《おうえい》二〇年（一四一一）に天皇の代理として広田神社参拝を行なった神祇伯《じんぎはく》（朝廷の祭祀を統轄する官職）の資忠王《すけただおう》は、この時資忠王は西宮神社に参ったのちに広田神社に赴いた。永正《えいしよう》一一年（一五〇四）に広田神社に参った神祇伯忠富王《ただとみおう》も西宮神社、広田神社の順に参拝している。

14 旅芸人が広めた恵比寿様

恵比寿廻しの人形芝居

西宮の恵比寿信仰を広めたのは、「戎廻《えびすまわ》し」とか「戎《えびす》かき」と呼ばれる傀儡舞《くぐつまい》の芸人たちである。かれらは各地を巡って、人形を面白おかしく舞わせて、恵比寿の神である蛭子命の御利益を説いた。

恵比寿廻しの活躍は、鎌倉時代末から室町時代にかけての時期に盛んであったが、この期間は伊勢神宮《いせじんぐう》の御師《おし》によって、天照大神信仰が各地に広められた時期に相当する。

そのために恵比寿廻しの人びとは、蛭子命が天照大神の近い親族であることを強調した。そして天照大神は日本全体を治める国の守り神であるが、恵比寿様の神（遠くから来た神）ある蛭子命は一人一人の信者の願いを叶える身近な神だと説いた。

傀儡師の始祖百太夫《ももだゆう》

恵比寿廻しの実像を伝える記録は、ほとんど残っていない。しかし恵比寿廻しを行なった傀儡師は、ただの旅芸人ではなく西宮神社の下級の神職であったとする確かな文献はある。

そこには傀儡師は神社の社人《しゃじん》として西宮神社の北隣りに居住しており、百太夫《ももだゆう》という者を始祖としていたとある。

恵比寿廻しの芸人は、都市や農村で芸を演じ、見物人の支払う報酬で生活していたとみられる。かれらは質の高い芸を見せ、各地を廻って芝居や話芸を演じる他の旅芸人と変わらない生活をしていた。

現在の西宮神社の境内には、人形操りの祖神としての百太夫神がみられる。江戸時代になって歌舞伎、文楽その他の芸能が発展していく中で、恵比寿廻しの芸は流行遅れのものとなって廃《すた》れていった。

15 山幸彦《やまさちひこ》は恵比寿様か?

恵比寿様の鯛と釣り竿

七福神の恵比寿様は、烏帽子《えぼし》をかぶって狩衣《かりぎぬ》を着た姿に描かれる。これは恵比寿信仰が広まった室町時代の、公家や上流の武士などの身分の高い人の姿を表わしたものである。

恵比寿様はこの姿で、釣り竿を肩にかけ、脇の下に鯛を抱えていることが多い。鯛は祝宴で出される、縁起の良い魚である。釣り竿は、「釣して網せず」という教えを表わすものである。

それは網で魚を根こそぎ獲るような商売をしてはならないと、暴利を貪《むさぼ》らないように商人を戒《いまし》めるものであった。江戸時代の商業取引の場には、必ず恵比寿様が祭られていた。そして毎月十日に恵比寿講という商人の集まりが開かれた。現在でも恵比寿講を行なう、商店街、商店会が見られる。

同じ町内の商人たちは、「恵比寿様を信仰する者は、欲ばらず地道に正直な商売をする」と考えて、互いに信頼し合って仕事に励んでいた。

海の神と山幸彦

水蛭子の神話には、釣りの話が出てこない。そのために山幸彦《やまさちひこ》の伝承の一部が水蛭子と結びついて釣りをする恵比寿様の姿がつくられたのではないかとする説がある。

山幸彦の正式の名前を、彦火々出見尊《ひこほほでみのみこと》という。かれは天照大神の曾孫《ひまご》で初代の天皇、神武《じんむ》天皇の祖父にあたる。『古事記』などの、日本神話では彦火々出見尊のような神武天皇より古い皇室の先祖は、神様として扱われている。

山幸彦は、兄の海幸彦《うみさちひこ》の釣針を借りて漁に行くが、釣針を失くしてしまった。そのためかれは兄に責められて、釣針を求めて海中に行き、海神の娘の豊玉姫《とよたまひめ》と出会った。このあと山幸彦は豊玉姫を妻にして海神の宮殿で三年間過ごした後に釣針を見付けて地上に戻ったという。

地上に戻った山幸彦は海神の助けを得て海幸彦を従えて皇室の祖先になったとされる。この話は兄の釣針を失くして居場所を失い海に行き、海から戻って来て立派な仕事をする貴種流離譚の形をとるものである。このような山幸彦の物語は、水蛭子（蛭子命）が西宮で神になったという伝説と共通の性格をもつ。

そのために西宮神社の蛭子命が山幸彦と結びつき、釣りをする山幸彦の姿にならった恵比寿像が作られたのである。

16 農民まで夢中にした恵比寿様

田の神となった恵比寿様

恵比寿信仰は、農村にまで広がっていた。かつて田の神として恵比寿様を祭る農家が広く見られた。

この田の神は、一月二十日に山から現われ、十月二十日に山に帰って行くとされていた。そのため農村では恵比寿様を迎える日と、恵比寿様を送る日には祝宴が開かれた。

この恵比寿様は、もとは氏神として祭られていた神であったと考えられる。しかし室町時代の恵比寿信仰の広まりの中で、氏神様を送り迎えする祭りが豊作を願って恵比寿様を持て成す特別の神事に変わった。

しかし古くから行なわれた村を守る氏神様の祭りは、前のように続けられた。このようなあり方は、商人が古くからの氏神様を信仰しつつ福の神を祭る形と共通するものである。

山幸彦信仰と農民

山幸彦の通称をもつ彦火々出見尊は、古くは稲が育つありさまを表わす神名をもつ稲の神であった。「彦火々」は「彦穂々」で太陽神の子の稲穂をさす。彦火々出見尊は、稲穂が多く繁るさまを意味する神なのである。六世紀に海彦山彦の物語ができた後に、その神は、海神の娘である豊玉姫の夫の山幸彦と同一の神とされて、海神の力を借りる力をもつ神と考えられるようになった。

そのため彦火々出見尊は農業の神としても、漁業の神としても祭られた。農耕神としての彦火々出見尊は特に、虫害よけの神として信仰された。稲の神には、稲を食い荒らすイナゴやウンカを追い払う力があるとされたのだ。

彦火々出見尊を祭神とする福井県越前《えちぜん》市大虫《おおむし》神社は、特に虫除けに御利益のある神社とされている。山幸彦の信仰の広まりがのちに田の神としての恵比寿信仰を作り上げることになったのであろう。

17 恵比寿様の父は大黒様？

大黒天と恵比寿様をならべて祭る

戦国時代に、大黒天と恵比寿様をならべて祭る習俗が京都で起こり、各地に広がった。この時期に商工民の間で大黒天（82ページ参照）と恵比寿様が特別に御利益のある福の神だとする考えが普及したことによるものである。

室町時代なかば頃までは恵比寿様を祭る集団と、大黒天を祭る集団が別にいた。しかし室町時代末頃から大黒天と恵比寿様は仲の良い神様だといわれるようになり、大黒、恵比寿の二柱の神様を祭る家も出てきたのである。そして戦国時代に大黒天信仰の急速な拡大が起こった。戦国時代の世相を記した天文《てんぶん》二一年（一五五二）成立の『塵塚物語《ちりづかものがたり》』に、次のような記述がある。

「大黒・恵比寿を対《つい》にして、木像を刻んだり、絵に描いたりして安置する家が多くみられる」

このような形の大黒、恵比寿をまとめて信仰する習俗が広まる中で、恵比寿様が大黒天の子とされるようになったのである。

恵比寿と大国主命の血縁関係

後で述べるように神仏習合の考えから、室町時代以前にインド生まれの大黒天が大国主命とされるようになっていた。さらに『古事記』などでは事代主命は、大国主命の子神の一つとされていた。

しかし前（38ページ参照）に述べたように私はまず水蛭子（蛭子命）が恵比寿様とされ、そのあとで事代主命も恵比寿様となったと考えている。『日本書紀』は大国主命を素戔嗚尊の子とするが、『古事記』は大国主命を素戔嗚尊の六世孫（曾孫の曾孫）とする。

つまり『日本書紀』によれば水蛭子の恵比寿様は大黒様の伯父（もしくは伯母）、『古事記』では水蛭子は大国主命の六代前の先祖の兄（姉）となる。しかし恵比寿様を信仰する者の多くはそのような細かいことは気にせず、水蛭子（蛭子命）の恵比寿様を大黒様の子とした。

つまり恵比寿信仰の広まりの中で、どちらも海から訪れた神様とされた蛭子命と事代主命が混淆《こんこう》していったのである。

18 恵比寿様は最も日本人に馴染みのある七福神

全国に千五百社ある恵比寿神社

日本では御稲荷様、八幡様などの多様な神様が祭られている。数の多い神社を、表にして示しておこう。これをみると、七福神を祭る神社の数が少ないことがわかる。

大国主命は日本神話の中の有力な神様だが、他の信仰を融合しない古い形をとる大国主命を祭神とする神社の数は、それほど多くない。金毘羅《こんぴら》神社（106ページ参照）は大国主命信仰とインドの宮毘羅大将《くびらたいしょう》信仰が習合した信仰によってつくられた新しいもので、本来の大国主命信仰とは別のものである。

金毘羅神社が千九百社あるのを別にすれば、七福神関係の神社で群を抜いて多いのが千五百社ある恵比寿神社である。

漁民の夷信仰と西宮神社の布教

恵比寿様は七福神の中でただ一つの、日本古来の神であった。つまりのちに神仏習合でインドの神が日本の神様と結びつけられたものを除けば、恵比寿様だけが『古事記』などの日本神話の神となる。

日本の漁村には、漂着物を遠方から来た神様とみて、夷様として祭る習俗が広まっていた。恵比寿様が福の神とされると、このような夷様を祭った神社の多くが恵比寿神社になった。

古代豪族が日本神話の事代主命を祭っていた神社が、恵比寿神社と名を変えて福の神とされた例もある。さらに蛭子命を祭る西宮神社が、傀儡師を用いて広範囲に布教を行なったために、各地の商工民が恵比寿神社を建てた。こういった経緯によって恵比寿様が、日本人に最も身近な七福神となっていった。

次章では恵比寿様の父とされた大黒様、つまり大黒天についてみていこう。

図5　主な神社の数

神社名	神社の数(約)
稲荷社	19,800社
八幡社	14,800社
天神社	10,300社
諏訪神社	5,700社
神明神社	5,400社
熊野神社	3,300社
春日神社	3,100社
八坂神社	2,900社
白山神社	2,700社
住吉神社	2,100社
日吉(山王)神社	2,000社
金毘羅神社	1,900社
恵比寿神社	1,500社

※神社本庁の調べをもとに作成。
　ただし、神社の数は常に変動している。

第三章

日印ハーフ？・七福神のリーダー、大黒天の謎

19 ほんとうは怖い？ 大黒天

恵比寿様の父神の権威

七福神信仰がつくられた室町時代の人びとにとって、恵比寿様が最も身近な神様であった。つまり室町時代はじめの時点では恵比寿様の信者が、大黒天の信者よりはるかに多かったのである。しかし大黒天信仰がすでに大国主命信仰と融合していたために、大黒天信仰が広まったのちに大黒天が恵比寿様の父とされるようになったのである。

しかも大国主命は、「国作らしし大神」と呼ばれる権威のある神であった。日本神話は、日本列島という国土を作ったのは伊奘諾尊と伊奘冉尊の夫婦の神であるという。そして、大国主命ははじめて日本を治めて農耕や医療を教え、日本人が人間らしい生活ができるようにした神だとする。

それゆえこのような大国主命、つまり大黒天が七福神の指導者にふさわしい神とされたのだ。大黒天は仏教では天部の仏であるが、仏教以前の古代インドでは大国主命と融合するのにふさわしい格の高い神であった。

破壊神シヴァと大黒天

仏教が成立する前のインドでは、バラモン教が信仰されていた。バラモン教はきわめて多くの神を祭る多神教であった。

現在インド人の多くが信仰するヒンドゥー教は、このバラモン教から発展したものである。ヒンドゥー教で特に重んじられているのが、次の三つの神である。世界を創造したブラフマン、世界を維持するヴィシュヌ、世界を破壊するシヴァである。

大黒天は、恐ろしい破壊神シヴァの分身の一つであった。シヴァが魔神アンダカを退治したという神話がある。この時シヴァ神は象の皮を着て、蛇で体を飾った姿で、先が三つに分かれた戟《げき》（矛《ほこ》に似た長い武器）を用いたという。

古代インドでは、この伝説にもとづくシヴァ神の姿をかたどった三面六臂《さんめんろっぴ》（三つの顔で六つの腕）の像がマハーカーラとして祭られていた。マハーは大きく広いこと、カーラは黒いことを表わす。

中国でマハーカーラが、「大黒」と訳されて、大黒天の名称が作られた。この他に中国や日本の仏教では、マハーカーラの音をとった天部の仏である摩訶迦羅天《まかからてん》も祭られている。

20 インドの神、中国の神、日本の神、大黒天？

インド仏教の大黒天

シヴァ神は、世界に悪がはびこった時に宇宙を破壊して再生させる怖い神である。しかしインドの人びとは、シヴァを魔神を退治して人びとを守り、知恵を授け苦行を課して人間を成長させる神として信仰した。

このシヴァの分身であるマハーカーラが仏教に入り、さまざまな御利益をもたらす仏とされるようになっていった。前（33ページ参照）にも述べたように古代インドの神々は天部という格の低い仏とされた。しかしそれと共に仏教は天部の仏が人びとの

図6　大国主命信仰の展開

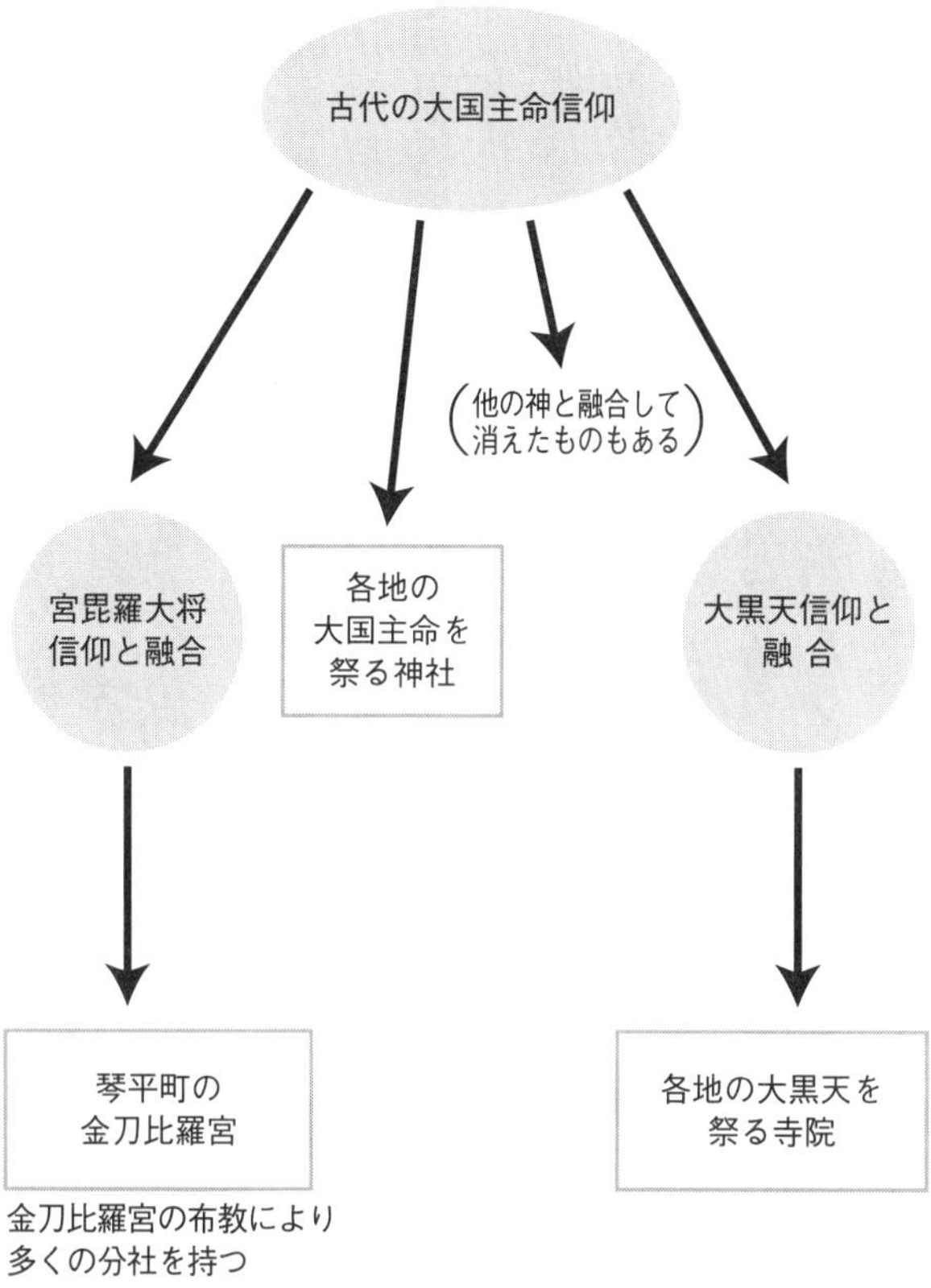

生活に即したさまざまな願いを叶えてくれる身近な仏であると説いた。

大黒天は、人びとに食物を授ける役割の仏とされた。

中国、日本でそれぞれ姿を変えた大黒天

中国に大黒天信仰を広めたのは唐《とう》代に活躍した義浄《ぎじょう》（六三五—七一三）である。義浄は三蔵法師《さんぞうほうし》（玄奘《げんじょう》）にあこがれて、はるばるインドを訪れ多くの仏典を中国にもたらした人物として知られる。

玄奘がシルクロード経由の陸路をとったのに対して、義浄は海路でインドを訪れた。義浄は弁財天信仰を広めたことで知られる（88ページ参照）が、かれは大黒天も祭った。そのため義浄の影響で唐代以後の中国の寺院で、大黒天が食物神としてひろく信仰されるようになっていった。インドの大黒天は三つの顔と六本の腕を持っていたが、中国で顔が一つ手が二本の穏やかな表情の仏に変わった。

しかし中国の大黒天像は、武装した姿に作られたものが多い。これは、大黒天が本来は武芸の神であることからくるものである。

大黒天信仰が日本の寺院に入ったあと作られた大黒天像は、武装姿のものと平服のものとが、ほぼ半々であった。平服姿の大黒天像には、左肩に食べ物を入れた袋を背負ったものが多い。

このような大黒天像が、大きな袋を背負って出雲から因幡《いなば》に旅をして稲羽素兎《いなばのしろうさぎ》と出会った大国主命の姿と融合して、私たちに馴染み深い大黒天像（74ページ参照）が作られたのである。

21　出雲から広がる大国主命信仰

古代人に親しまれた大国主命

大国主命は日本神話に登場する神々の中で、最も人びとに身近な神である。前（66ページ参照）にも記したように大国主命は、古代の祖霊信仰からつくられた神であった。

出雲の人びとが、自分たちが住む土地を守ってくれる先祖の神を「大国主命」などと呼んだのである。大国主命には多くの別名があるが、これは各地の集団が祭ったさまざまな名前の土地の守り神が、のちに大国主命と同一の神とされて出雲の大国主命と同一の神となったことからくるものである。

大国主命信仰は、弥生時代中期にあたる一世紀なかば頃に出雲の首長（豪族）たちによって作られたと考えられる。島根県斐川《ひかわ》町の荒神谷《こうじんだに》遺跡から、一世紀なかばの三五八本の銅剣がまとまって出土している。

これは人口二〇〇人ていどから人口二〇〇〇人ていどの大小の集団を治める首長が集まり、銅剣を一本ずつ持ち寄って大国主命を祭った跡だと考えられている。

このような出雲の首長たちによって、大国主命と素戔嗚尊を主人公とする出雲神話が整えられていった。四世紀なか頃に出雲氏が出雲の豪族を束ねるようになり、六世紀に大和朝廷から出雲国造《いずものくにのみやつこ》（出雲一国を治める地方官）に任命された。この出雲氏によって、大国主命を祭する壮大な出雲大社《いずもたいしゃ》が建てられた。

図7　大国主命を祭る主な神社

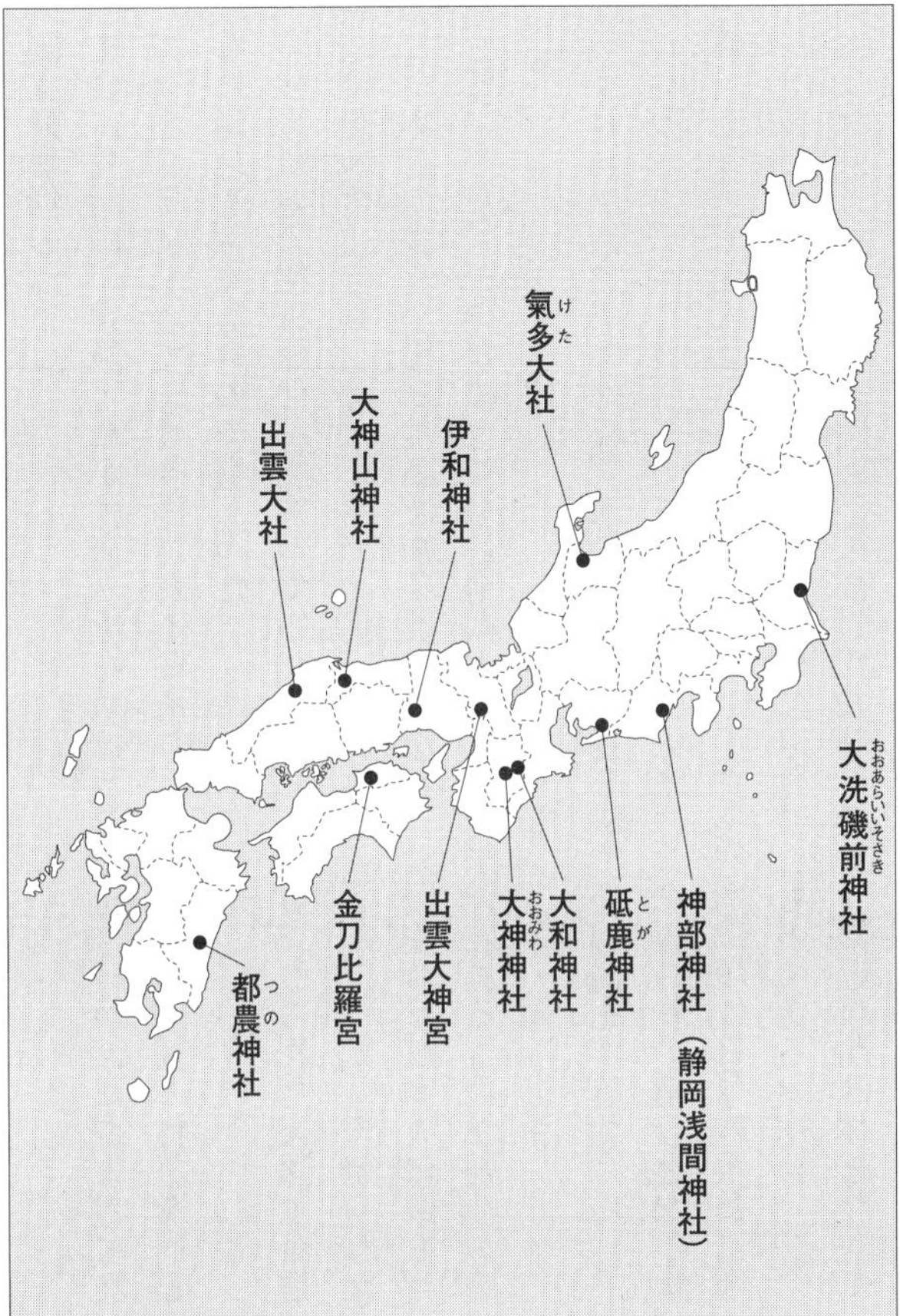

大国主命信仰の広まり

大国主命の神話は、大国主命が稲羽素兎を助けたことをきっかけにさまざまな試練を受けて立派な神になっていく物語である。それは若者の心の成長の物語を通して、子供たちに道徳を教えるものでもあった。

弥生時代の日本で祖霊信仰が広まっていたために、出雲で作られた大国主命信仰は日本各地に急速に広まり、大国主命が土地の守り神である国魂《くにつかみ》として祭られた。そのために日本人の多くが出雲神話を知ることになり、大国主命は日本人に最も身近な神になっていった。そのため今でも各地に大国主命を祭神とする有力な神社が残っている。

「神々が十月に出雲に集まって、人びとの縁結びを決める相談をする」

といわれる。出雲大社境内に十月の神在祭に集まった全国の神の宿舎となる東十《ひがしじゅう》九社《くしゃ》と西十九社《にしじゅうくしゃ》がある。これは祖霊が集合した各地の国魂が、自分の子孫に合った結婚相手を見付けに出雲に集まるという俗信にもとづくものである。

このような大国主命が、大黒天と融合して人びとのより身近な福の神となっていっ

図8　大国主命の別名

【古事記】	大穴牟遅神《おおなむぢのかみ》	……………たいそう貴い神
	葦原色許男神《あしはらしこおのかみ》	…………日本の魅力的な男性の神
	八千矛神《やちほこのかみ》	………………有力な武器の神
	宇都志国玉神《うつしくにたまのかみ》	…………この世を守る*国魂の神
【日本書紀】	大物主神《おおものぬしのかみ》	………………すぐれた*物のあるじの神
	国作大己貴命《くにつくりのおおあなむちのみこと》	
	葦原醜男《あしはらのしこお》	
	八千戈神	
	大国玉神《おおくにたまのかみ》	………………すぐれた国魂の神
	顕国玉神《うつしくにたまのかみ》	

*「国魂」「物」は、神と同じ概念をあらわす

たのである。

22　中国で万物の根源とされた大黒天と日本の大国主命

太極《たいきょく》の哲学と結びついた大黒天

中国の寺院で食物をつかさどる大黒天の祭祀が広まっていく中で、大黒天が道教の太極《たいきょく》の考えと結びついた。太極とは、陰と陽を兼ね備えた、宇宙の本体とされるものである。

中国には古くから、すべての物を陰なるものと陽なるものとに分けてみる陰陽《いんよう》説《せつ》（陰陽五行説《いんようごぎょうせつ》）が広まっていた。天

が「陽」、地が「陰」で、男性を「陽」、女性を「陰」とするような形で、中国の知識人はあらゆるものに陰陽の区別があると考えていた。ところが太極は、陰陽の区別を超越する存在とされていた。陽なる天と陰なる地が分かれる前の宇宙の万物の元始《げんし》(初めのありさま)が、太極であると考えられたのである。

ゆえに太極は陰なる要素と陽なる要素とが、ちょうど良い形に融け合った理想の姿をとるとみられていた。中国人が好む図に、太極図《たいきよくず》がある。これは、陽である白と陰である黒が一体になったありさまを示すものだ。

大黒柱と大国主命

陰陽五行説(陰陽道)は、食材を陽の食材と陰の食材に分ける考えをとっている。大根、人参などの根菜は陽の食材、小松菜、春菊《しゆんぎく》などの葉菜は陰になる。陰にも陽にも偏《かたよ》らない配分で食材を用いると、体に良い食事ができるとされる。

このような中国的な思想によって、食を扱う大黒天は、陰陽が調和した太極の性格を持つ仏とされるようになっていったのである。

図9　太極図

古代の中国の知識層は、陽なる天と陰なる地との間に、宇宙を支える陰陽に偏らない太極柱《たいきょくばしら》があると考えていた。大黒天が太極を融合したあと、大黒柱《だいこくばしら》という言葉が生まれた。柱は建物の陽なる「天」にあたる屋根と、陰なる「地」に相当する土台《どだい》との間を繋ぐものである。そこで陰陽を合わせ持つ太極柱になぞらえた大黒柱とされたのだ。

大黒天の像やお札を、家の中心となる大黒柱に祭る習俗も広まっていった。

日本の大国主命は、日本の国土を守る完璧な能力の神として信仰されてきた。そのため万物の根源である太極の要素を持つ大黒天信仰が日本に入ってきたあとに、大黒天が大国主命に結びつけられることになった。すべての要素を合わせ持つ中国の仏は、日本の大黒天にあたると考えられたためである。

23 鼠《ねずみ》が大黒様の使者になったのはなぜ？ 兎《うさぎ》だけではない大国主命と親しい動物

中国から来た鼠の信仰

中国で、鼠を大黒天の使者とする考えがつくられた。古代の中国に、家鼠を霊獣とする信仰があり、家鼠の絵もいくつも描かれていた。

そのため、大黒天が鼠を従えた図も見られるようになった。鼠には災害を予知する能力があり、火事や地震が起こる前に集まって安全な場所に移動する。これを見た古代の中国人が、鼠を未来を知る神獣と考えたのだ。

三百歳まで生きた鼠が、占《うらな》いを行なって人を導いたとする中国の伝説もいくつかある。

大国主命を助けた鼠

中国から大黒天の祭祀と共に神獣としての鼠の信仰が伝わった時に、大国主命と鼠が自然な形で結びついた。『古事記』の神話に、鼠が大国主命を救う話があったためである。

素戔嗚尊が大国主命の能力を試そうとして、大国主命に広い野原に行かせて野原の草に火を放った。火はたちまち燃え広がり、大国主命は逃げ場を失ってとまどった。この時一匹の鼠が現われて、大国主命に「この下に穴がある」と教えた。これを聞いた大国主命は、穴の底に身を伏せて火がおさまるまで待って助かったという。

大黒天の使者の鼠が大国主命を助けた鼠に結びついて、日本で米俵の上に立つ大黒様のまわりで遊ぶ鼠が描かれるようになったのである。

24 大黒天が僧侶の妻？ 台所の神となった大黒天

寺院の食堂《じきどう》で大黒天を祭る

寺院の中の、僧侶が食事をする建物を、食堂《じきどう》という。この食堂で大黒天の像を祭る中国の風習は、平安時代はじめに最澄《さいちょう》（191ページ参照）によって日本に伝えられた。

このあと大黒天信仰は、各地の寺院にじわじわと広がっていった。福岡県太宰府《だざいふ》市の観世音寺《かんぜおんじ》に、日本最古の平服姿の大黒天像がある。

それは平安時代末にあたる康治《こうじ》二年（一一四三）に、観世音寺の食堂に安置されたものだとする記録がある。この大黒天像は木像である。立った姿の大黒天が左手で持った袋を左肩に背負い、右手は腰のあたりで印を結んでいる姿が彫られている。

しかし大黒天が福の神として庶民に祭られるようになる室町時代より前には、このような平服姿の大黒天像は、そう多くない。寺院で祭られた大黒天像の大部分は、武装した武神の形をとっている。武装姿の大黒天像は江戸時代まで作られているが、庶民の間に福の神として広まった大黒天像は平服姿の像から発展したものである。

武装形の大黒天は鎧《よろい》をつけて、右手に宝棒《ほうぼう》という武器を携え、左手に金嚢《きんのう》という財布を持っている。武器で武神であることを表わし、僧侶の食物をまかなうことを金嚢で表わしたのである。

庶民に広がる大黒天信仰

貴族のための祈禱、呪術、占術を主な職務とした平安時代の有力寺院は、閉鎖的な世界であった。しかし鎌倉時代に入ると、鎌倉新仏教と呼ばれる庶民を布教の対象とした六つの新たな宗派が生まれた。

この新仏教の中の浄土真宗《じょうどしんしゅう》は、それまで禁じられていた僧侶の妻帯を認めた。僧侶の妻は、「梵妻《ぼんさい》」と呼ばれた。この梵妻が、室町時代に「大黒」となった。寺院の台所で大黒天が祭られていたので、台所で働く僧侶の妻が大黒天に代わって食を扱うものとされたためである。

室町時代に、鎌倉新仏教と呼ばれる六宗派の中の臨済宗《りんざいしゅう》や曹洞宗《そうとうしゅう》の寺院（禅寺）

の僧侶があれこれ工夫して、質の高い精進《しょうじん》料理を作り上げていった。臨済宗と曹洞宗は人びとに座禅《ざぜん》を勧めたので、禅宗《ぜんしゅう》と総称されている。室町時代に、信者が禅の修行に来て寺院で食事を振る舞われる場面がふえていった。そのためこの時期から、京都の商工民が寺院にならって食をつかさどる大黒天を祭るようになっていったのである。

25 縁起の良い大黒舞

大黒様の姿

前（59ページ参照）にあげた『塵塚物語』は、大黒天の信仰は天文、永禄《えいろく》年間（一五三二―七〇）に急速に京都に広まったと記している。京都で戦国時代の戦乱が続く中で、将来に不安を持った庶民が福の神に救いを求めたのであろう。かれらは、

「戦火で家を焼かれても、金さえ蓄えていれば何とかなる」

と考えていたのではあるまいか。京都に大黒天信仰が広がった時期に、私たちのよ

く知る大黒様の姿が作られた。

大黒様は温和な表情をして、老人が用いる大黒頭巾《ずきん》をかぶり、恵比寿様と同じ狩衣《かりぎぬ》・（54ページ参照）を着用している。そして左手で宝物の袋を、右手で人びとに幸福を授ける打出《うちで》の小槌《こづち》を持ち、米俵を踏まえる。この米俵は、「誰もが飢えることのない国を作ってあげよう」と人びとに語るものであった。

大黒舞《だいこくまい》の芸人の活躍

戦国時代の京都の町では、正月などの祝い事の時に大黒舞を舞って歩く旅芸人の姿が多く見られた。かれらは大黒様の姿をして、次の歌に合わせて舞った。

「一に俵《たわら》ふまえて、二ににっこり笑《わろ》うて、三に酒つくりて、四つ世の中良いように、五ついつもの如くに、六つ無病息災に、七つ何事もないように、八つ屋敷広めて、九つ小倉《こくら》を建て並べ、十でとうと治まる御世《みよ》こそめでたけれ」

戦国動乱の不安の中で、庶民たちは大黒舞を見て、

「苦しい時には、明るく笑って、将来長者《ようじゃ》（金持ち）になる夢を見よう」

と考えた。恵比寿信仰は西宮神社の布教によって広められたが、大黒天信仰は京都の庶民がすすんで受け入れて各地に伝えていったものである。

京都に大黒天信仰が広まった時期の終わり頃（一五六八年）に、織田信長《おだのぶなが》が入京した。このあと信長の支配のもとでしだいに戦乱がおさまり、京都は織田信長、豊臣秀吉《とよとみひでよし》の政権下に好況を迎えることになる。次章では武士から庶民へとじわじわと広がっていった、弁財天信仰についてみていこう。

第四章

紅一点の弁財天は美女なのか？

26 琵琶《びわ》を持つ天女姿の弁財天はインドの神様

インドの川の神が弁財天に

七福神の中のただ一柱の女神である弁財天（弁才天）は、美しい女神である。弁財天は日本では、天女の姿で琵琶を持つ姿をとるが、このような弁財天は日本独自のものであると考えてよい。

インドの川の女神サラスバティーが、中国経由で日本に伝わり弁財天となった。ヒンドゥー教ではサラスバティーが、ヒンドゥー教の三つの有力な神の一つである創造神ブラフマンの妻だとされる。

ヒンドゥー教はアーリア人が作ったバラモン教から発展した宗教であるが、サラスバティーはバラモン教成立時からある神だと考えられている。インドに移住してきたアーリア人はまず自分たちの生活に欠かせない水を与えてくれる川の神をサラスバティーと名付けて土地の守り神として祭った。

このあとヒンドゥー教の発展によって新たな神が次々に作られた。そのためサラスバティーは、インドの多くの神の中の一つとして扱われるようになった。

仏教の天部の仏になった弁財天

最初はいくつもの川の神が祭られていたが、仏教が成立する紀元前五世紀にはインダス河の神だけが、サラスバティーと呼ばれるようになっていたらしい。インドでは二臂《にぴ》（二本の腕を持つ）、四臂《よんぴ》（四本の腕を持つ）、八臂《はっぴ》（八本の腕を持つ）などのさまざまなサラスバティー像が作られた。像の持ち物は、数珠、縄、琵琶、水瓶《みずがめ》、花、小太鼓などまちまちである。仏教が作られたあとに、サラスバティーの神は仏教を守る天部の仏とされた。

仏教の教団が人びとに人気のあるインドの神を、仏教にとり込んだのである。この時点で人びととの生活に密着したインダス河の神は、仏教に欠かせないものとされた。

インダス河は人びとに水を与えて、農業を助けて人びとを豊かにする。そのために仏教ではサラスバティーの神は、人びとに富を与える仏とされた。その他に、サラスバティーの神は弁舌、音楽、知恵などの神として信仰されていた。

サラスバティーという天部の仏の名前は、中国で大弁才天女《だいべんざいてんにょ》、妙音天《みょうおんてん》、美音天《びおんてん》などと訳された。大弁才天女が省略されて弁才天となった。大弁才天女は弁舌などに優れた知恵の仏を、妙音天、美音天は音楽に長じた仏を表わす。

『金光明最勝王経《こんこうみょうさいしょうおうきょう》』（次項参照）という仏典に、弁才天は「もし財を求むるなら財を与える」仏であると記されている。日本ではこの経文にもとづいて、弁才天が弁財天と書かれることが多い。

27 三蔵法師に憧れた義浄が中国に持ち込んだ弁財天信仰

義浄と『金光明最勝王経』

前項にあげた『金光明最勝王経』は、唐代の学問僧、義浄が中国語に訳して、唐の知識人に紹介した仏典である。この経典は、「護国経典《ごこくきょうてん》」などと呼ばれて、日本の貴族に好まれたものである。

『金光明最勝王経』には、「この経典を読誦《どくじゅ》すれば四天王《してんのう》などの仏が国家を守る」と記されている。そのために聖徳太子は、四天王寺を建立して『金光明最勝王経』を読誦させた。

奈良時代の聖《しょう》武《む》天皇は、金光明《こんこうみょう》四天王《してんのう》護《ご》国《こく》寺《のてら》という正式名称をもつ国分寺《こくぶんじ》を日本全国に建てさせた。義浄のはたらきが、古代日本に大きな影響を与えたのである。

中国の弁財天

義浄は六七一年にインドに渡り、そこに二〇年余り滞在したのちに中国に帰国した。かれの記した『大唐西域求法高僧伝《だいとうさいいきぐほうこうそうでん》』によって、義浄がインドで苦労しながら意欲的に勉強していたありさまが知られる。

このような義浄の心の支えとなったのが、弁舌の仏、知恵の仏としての弁財天だったのではあるまいか。『金光明最勝王経』には、吉祥天と弁財天の御利益について詳しく記した部分もある。

しかし弁財天信仰が広まったのちの中国では、知恵の仏ではなく財運をもたらす仏としての弁財天の役割が強調されるようになっていった。インドではさまざまなサラスバティー像が作られた（87ページ参照）。ところが、中国で弁財天は宝冠《ほうかん》（宝石で飾った冠）をかぶり、八本の手に宝珠（焔《ほのお》の装飾が付いた立派な珠）、輪宝《りんぽう》（輪の形の宝器）などを持つ富裕の神の姿に変わった。このような中国における弁財天の変貌によって、日本の福の神としての弁財天信仰がつくられることになった。

28 なぜ弁財天は美女とされるのか？

武装した弁財天

福の神として祭られた日本の弁財天は、穏やかな表情をした美女の姿をしている。

しかしインドでは、武装して恐ろしい表情をした弁才天の像が多く作られた。

本来インドの神の多くは、悪鬼を退けて人びとを守るものとして信仰されてきた。

そのためインドには川の神サラスバティー（弁財天）が、悪神阿修羅《あしゅら》を退治したとする話が伝わっている。

そのため日本でも阿修羅と戦った時の姿を表現した、八本の腕を持つ弁財天像も作られた。東大寺法華堂《ほっけどう》の八臂弁財天立像《はっぴべんざいてんりゅうぞう》は、八本の腕に矛、剣などの八通りの武器を持った姿をとっている。

弁財天は、多様な性格を持つ仏である。弁財天を戦闘の神とする説のほかに、弁財天を全世界の母と位置づける文献もある。しかし日本ではしだいに弁財天は美の女神、音楽、芸能の女神としての性格が強調されるようになっていった。

日本に入った弁財天信仰

日本では弁財天像が神秘的な天女の姿をとる場合が多い。

これは日本人が弁財天を美の神、音楽、芸能の神として受け入れて、彼女の服装を最上の美女とされる天女のものにしたことによるものである。川の水が美しい花を咲かせることから、インドで川の神が美の神とされることもあった。また川の心地良いせせらぎの音が、音楽に通じるものとされて川の神が音楽の神ともなった。

奈良時代の日本で弁財天は、吉祥天とならぶ美しい仏と考えられていた。さらに平安時代の貴族社会でも音楽が重んじられると、貴族たちが弁財天に笛や琵琶の上達を願うようになった。

平安時代に音楽上達の神としての弁財天信仰が広まったのちに、弁財天はさまざまな神仏と融合して多様な性格を持つようになっていった。

29 弁財天と毘沙門天の妃、吉祥天は似た仏様？

吉祥天と毘沙門天

奈良時代から平安時代にかけての貴族たちは、吉祥天と弁財天を美しい女性の仏として好んでいた。ところが鎌倉時代以後に吉祥天信仰が後退して、弁財天信仰に吸収されていった。

吉祥天は鬼子母神《きしぼじん》（子供を守る仏）の子で、毘沙門天の妻だとされている。中国の唐代には吉祥天信仰が盛んで、中国の貴婦人の姿をして左手に宝珠を持った吉祥天像が多く作られた。

図10　弁財天信仰の展開

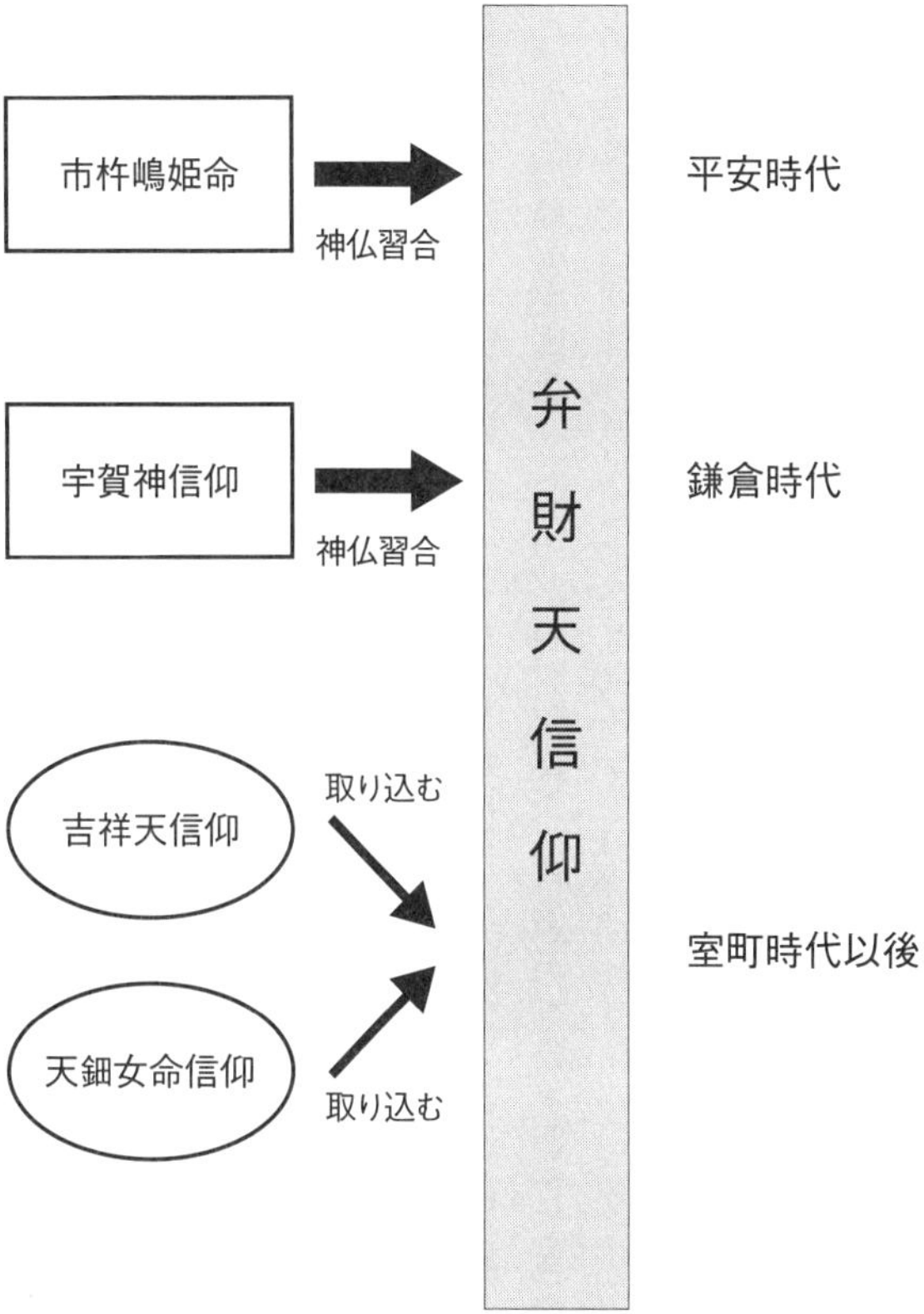

奈良市東大寺の法華堂には、本尊の不空羂索観世音像《ふくうけんじやくかんぜおんぞう》の後ろに八臂《はっぴ》（八本の腕を持つ）弁才天立像《べんざいてんりゅうぞう》（91ページ参照）と吉祥天立像が安置されている。この例をはじめとして、弁財天（弁才天）と吉祥天がともに祭られる場合が多くみられる。これは、弁財天と吉祥天が財運を授けると説く『金光明最勝王経』（88ページ参照）の影響によるものであろう。

吉祥天信仰の後退

平安時代以後に、神仏習合が盛んになった。これによって庶民に身近な神様と同一のものとされた仏の信仰が広まっていったが、吉祥天は日本の神様と習合できなかった。そのために吉祥天信仰は、庶民にまで普及しなかった。

東京の吉祥寺《きちじょうじ》（文京区《ぶんきょう》、武蔵野市《むさしの》）などの吉祥天を本尊とする寺院は確かにある。しかし吉祥天信仰は鎌倉新仏教とも結びつかず、しだいに忘れられていった。

これに対して弁財天は、さまざまな形で神仏習合して広まった。かつて美しい女性の仏として、弁財天と吉祥天が祭られていたが、美しい女性の仏を好む吉祥天の信者まで吉祥天信仰の後退によって、弁財天の信者の集団に吸収されることになったのである。

30 天岩戸《あまのいわと》の天鈿女命《あまのうずめのみこと》は弁天様？

曖昧《あいまい》な形で融合する女神たち

吉祥天は『金光明最勝王経』に従って財運をもたらす仏とされ、かつては七福神の一柱とされることもあった（25ページの図参照）。しかし弁財天信仰の高まりの中で、吉祥天の福の神としての部分が弁財天に吸収されていった。

これと同じことが、天鈿女命《あまのうずめのみこと》にも起こったと、私は考えている。天鈿女命は芸能の神として祭られ、人びとに笑顔をもたらすものとされた。かつて「臼女命《うすめのみこと》」の名で、天鈿女命を七福神とすることもあった（25ページの図参照）。室町時代に流行した「笑いが福を呼ぶ」という考えによって、天鈿女命が七福神とされたのだ。

天岩戸と七福神

天鈿女命は、日本神話の中の天岩戸《あまのいわと》物語の中で重要な役割をはたす神である。この物語は、太陽の神、天照大神が怒って天岩戸に籠《こも》ったために世界は闇に包まれたところから始まる。

この時、高天原の神様たちは、岩戸の前で祭りを行ない、天鈿女命に踊らせた。神々が鈿女の滑稽な踊りを見て笑い声をあげたところ、天照大神が天岩戸を開き、世界は再び明るくなったとある。

この神話は笑顔が神々を喜ばせて、災いを退けると説くものである。室町時代には天鈿女命の顔を表わすお多福の面が、狂言《きようげん》、神楽《かぐら》などの多様な芸能に使われ、人びとを楽しく笑わせた。

天鈿女命は芸達者な上に、強い神であった。彼女は地上に降る瓊々杵尊《ににぎのみこと》（天照大神の孫）のお供を務め、巨体を持った猿田彦命《さるたひこのみこと》を従えたとある。

このような天鈿女命は、武神であり芸能の神である弁財天と共通する性格を有していた。そのため、弁財天信仰の広まりによって、天鈿女命を福の神としていた者の多くが弁財天を信仰するように変わったとみられる。

31 弁天様は素戔嗚尊の娘の市杵嶋姫命《いちきしまひめのみこと》

インダス河の女神が日本の海の女神に

神仏習合によって、弁財天は宗像大社《むなかた》（宗像市）の市杵嶋姫命《いちきしまひめのみこと》と同一のものとされるようになった。宗像大社は、「宗像三神」と呼ばれる田心姫命《たごりひめのみこと》、湍津姫命《たぎつひめのみこと》、市杵嶋姫の姉妹の神を祭神とする神社である。

宗像大社の本社とされる辺津宮《へつみや》では、妹にあたる市杵嶋姫命が祭られている。そして辺津宮の北西にある大島《おおしま》の中津宮《なかつみや》が次姉の湍津姫命の宮、さらにその北西の玄界灘《げんかいなだ》の絶海の孤島、沖ノ島《おきのしま》の沖津宮《おきつみや》が田心姫命の宮とされる。

この宗像三神は、古い時代から日本と朝鮮半島との貿易に活躍した宗像氏が祭った海の神であった。宗像氏が大和朝廷に従ったあと、大和朝廷が宗像大社の祭祀を管理し、やがて宗像三神を素戔嗚尊の娘とする系譜を作った。

宗像系の神社と弁天社

仏教が広まった平安時代に、市杵嶋姫命が弁財天だとされた。市杵嶋姫命が宗像三神の中で最もきれいな神といわれていたので、インド生まれの美しい仏、弁財天と結びつけられたのだ。

海の神である宗像三神は水を支配する神だが、宗像の神以外の水に関わる日本の神がインドの川の神である弁財天と同一のものとされた例も多い。次項で取り上げる鎌倉市の銭洗《ぜにあらい》弁天もその一つだが、琵琶湖に浮かぶ竹生島《ちくぶしま》の都久夫須麻《つくぶすま》神社も島を守る女神浅井姫命《あさいひめのみこと》が弁財天と結びついたものである。

弁財天を祭る弁天社のかなりの部分は、川、湖、海などにまつわる土地の守り神が神仏習合によって弁天社になったものである。広島県廿日市《はつかいち》市の厳島《いつくしま》神社は、瀬戸内海航路の要地にある宗像三神を祭る有力な神社である。この神社にも弁財天信仰の要素が入り込んでいるが、現在の厳島神社やその分社は弁財天ではなく宗像三神を祭神とする立場をとっている。

図11　宗像三神が祭られた場所

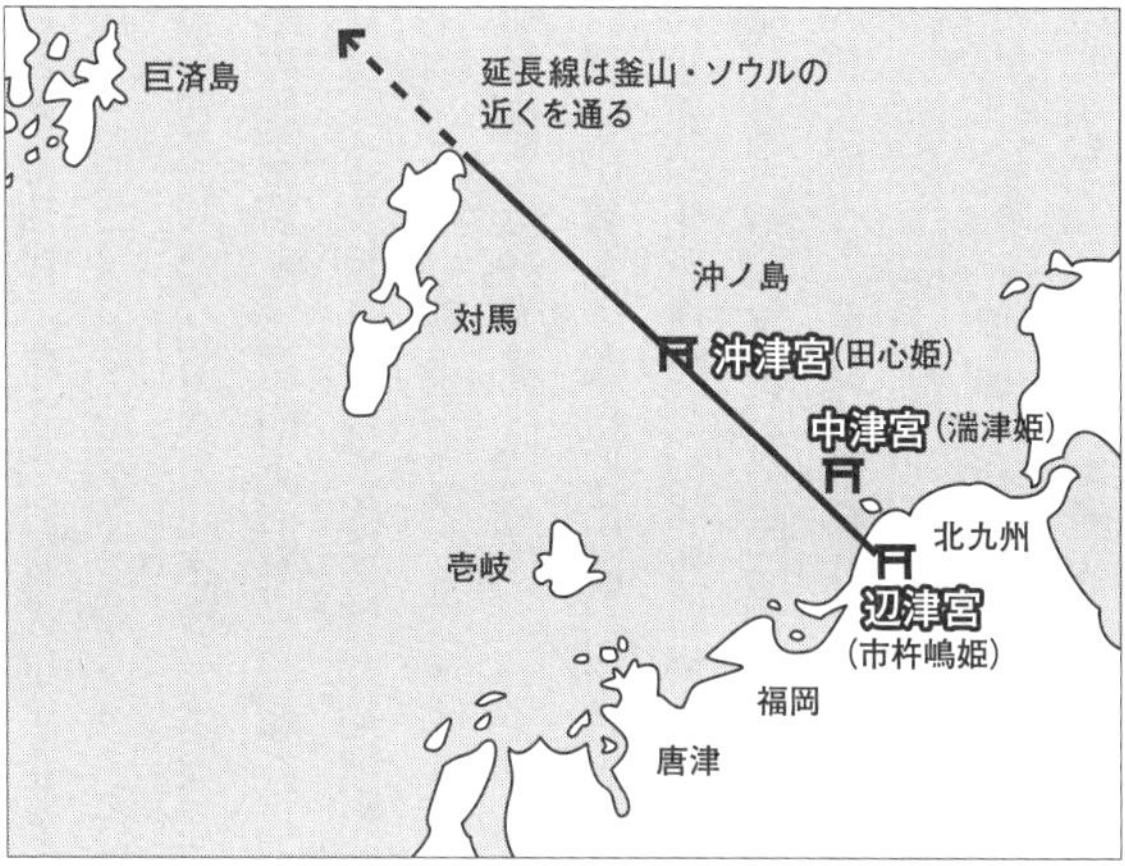

32 蛇を従えた弁財天、銭を清める銭洗弁天

宇賀神《うがじん》と弁財天が習合する

鎌倉時代に宇賀神《うがじん》という、豊穣や商売繁昌をもたらす神様の信仰が流行した。この宇賀神が、稲荷神社の祭神である宇迦之御魂神《うかのみたまのかみ》と同一の神であると説明されることもある。

『古事記』の系譜は、宇迦之御魂神は素戔嗚尊の子神の中の一柱とする。

宇賀神信仰が広まってまもない時期に、宇賀神は弁財天と神仏習合した。

鎌倉市の銭洗弁天は、宇賀福《うがふく》神社の別名をもつが、ここは宇賀神と習合した弁財天を祭る神社であった。

宇賀神と習合した弁財天を、宇賀弁才天《うがべんざいてん》と呼ぶこともある。宇賀弁才天は、天女の姿で八本の腕を持ち、頭の上に老人の顔をした白蛇をのせているといわれた。この説明に従えば、宇賀弁才天は二本の腕で琵琶を弾く弁財天と異なる形の弁財天となる。

白蛇を従えた弁天様

鎌倉時代の宇賀弁才天信仰には、密教からくる呪術的性格が強くみられた。秘儀を行なって宇賀弁才天を祭れば、思いのままに福財を得られるといわれたのだ。

このような宇賀弁才天の呪的要素は、かつて「三弁才天」と言われた厳島、竹生島、江の島（101ページ参照）をはじめとする弁財天がらみの神社に広まっていた。

しかし明治時代はじめの神仏分離によって、弁財天を祭る神社の密教的性格は、一掃された。

鎌倉の銭洗弁天は、もとは涌《わ》き水の水源で水を授けてくれる土地の守り神を祭る神社であったと考えられる。そこに宇賀神信仰の要素が伝わり、さらに土地の神が神仏習合で弁財天になっていった。

古くは銭洗弁天のもとになった土地の神の神社の信者が、そこの境内の洞窟に出るきれいな涌き水で体を清める祓《はら》いを行なっていたのであろう。そして財運の神である弁財天が祭られるようになったのちに、銅銭を洗う習俗が作られたとみられる。

しかしそれは本来は金儲けのために犯したさまざまな罪や穢《けが》れを清めるもので、銭を何倍にもふやす呪術ではなかった。

33 弁天様は強かった、海の女神の悪龍退治

海の女神の悪龍退治

神奈川県藤沢《ふじさわ》市の江の島にある江島《えのしま》神社は、江島弁天、江島明神《みようじん》とも呼ばれた神仏習合の神社であった。そこは岩本院《いわもといん》、上ノ坊《かみのぼう》、下ノ坊《しものぼう》の三か所の別当《べっとう》（神社の運営にあたる社僧）によって経営されてきた。

明治初年の神仏分離によって、現在の江島神社は、宗像三神を祭る神社になっている。

古くは近くの漁民の集団が、風景の美しい江の島で海の神を祭っていたのであろう。そのあと文覚上人《もんがくしょうにん》（196ページ参照）が平安時代末に、そこを弁財天を祭る神社にした。江の島には、このような伝説が伝わっている。

「昔は江の島という島はなく、海に住む悪龍がさまざまな乱暴をして人びとを苦しめていた。ある時に大地震が起きて、江の島が作られた。

この時弁財天が天から江の島に舞い降りて来て、悪龍を従えた。彼女は、この時悪龍にこう言った。

『あなたが殺生を止めて人びとの守護神になるなら、私はあなたの妻になります』

悪龍はこの言葉によって、弁財天に従って土地の守り神になった」

この話はのちに江島神社の社僧がつくったものであろう。近くの人が祭っていた海の神を龍にして、文覚が勧請した弁財天が龍を従えた形をとって社僧が江の島の神を祭ることを正当化したのである。

関東から広まる弁財天信仰

江の島の弁財天は、室町時代に福の神としてひろく信仰されることになった。これは前にあげた『金光明最勝王経』（88ページ参照）の弁財天が財運をもたらすとする教えにもとづくものである。

江戸時代に入ると、下ノ坊と岩本院の社僧が関東の各地を巡り江島神社の御利益を説いてまわった。そのため多くの庶民が江の島に参詣するようになった。江戸の町人にとって一泊の江の島詣では楽しい行楽の旅であった。

七福神信仰の多くは京都を中心とする上方から広がったものだが、江島神社の布教によって弁財天信仰だけは関東を中心に繁栄する形をとった。次章では、弁財天と同じインド生まれの毘沙門天信仰についてみていこう。

第五章

武将が敬愛した毘沙門天

34 インドの財宝の神だった毘沙門天

古代インドのクベーラ神

古代インドでひろく信仰された、クベーラ神という神があった。この神は、財宝福徳をもたらす神として祭られた。

クベーラ神は、ヴァイシュラヴァナ神という別名をもっていた。このクベーラ神が仏教に取り入れられて、宮毘羅大将となった。これと共にヴァイシュラヴァナ神という別名が、その音によって毘沙門天と訳された。

財運をもたらすインドのクベーラ神信仰が、毘沙門天信仰のもとなのである。

日本の金毘羅信仰

宮毘羅大将と毘沙門天は、本来は同一のインドの神をさす言葉であった。ところが宮毘羅大将に関する仏典と毘沙門天のことを記した仏典が別々に訳されたために、中国では宮毘羅大将と毘沙門天が異なる仏のように考えられた。

そのため日本には、宮毘羅大将の信仰と毘沙門天信仰が別々に伝わった。毘沙門天は、四天王《してんのう》の一つとして飛鳥時代から祭られていた。これに対して宮毘羅大将は密教が広まった平安時代に、密教の呪術にまつわる仏として広められた。

讃岐国《さぬきのくに》の琴平山《ことひらやま》の山の神として祭られていた大国主命が、平安時代末頃に密教の呪術を取り入れて宮毘羅大将と習合した。これによって仏教色のつよい金刀比羅宮《ことひらぐう》ができた。

金刀比羅宮は瀬戸内海航路の要地にあったために、室町時代に航海安全の神としてひろく信仰されるようになった。

さらに金刀比羅宮の御師が積極的に布教したことによって、金刀比羅宮は江戸時代に福の神として最盛期を迎え多くの参詣者を集めて賑わうことになった。

35 四天王の中の北方を守る毘沙門天

多聞天《たもんてん》の別名を持つ毘沙門天

毘沙門天は、多聞天という別名をもっている。ヴァイシュラヴァナ神というインドの神の名前が、中国の仏典で毘沙門天とも多聞天とも訳されたためである。

聖徳太子の作と伝えられる『法華義疏《ほっけぎしょ》』は、毘沙門天が多聞天とも呼ばれるようになった理由について、次のように記している。

「毘沙門天はつねに釈迦如来《しゃかにょらい》の道場を護《まも》って、法を聞くので、多くを聞く『多聞天』と名付けられた」

この説明によれば、多聞天はさまざまなことを知る賢い仏であることになる。「毘沙門」と音訳された「ヴァイシュラヴァナ」というサンスクリット語も、「あまねく聞く」という意味の言葉である。

日本人は毘沙門天を武神と考えるが、古代インドのバラモン教ではヴァイシュラヴアナ神は武神でなくて知恵の神、利巧に金儲けをする神とされていた。

仏法を守る四天王

仏教ができたあと、毘沙門天は仏法を守る四天王の一つとされた。持国天《じこくてん》、増長天《ぞうちょうてん》、広目天《こうもくてん》、毘沙門天からなる四天王は、仏教成立以前の古代インドでは世界を守る神とされていた。仏教ではこの信仰をもとに、四天王が世界の中心にあるといわれる須弥山《しゅみせん》の中腹にいると考えた。

持国天は山の東の中腹で東方を守護する。同じような形で増長天は南、広目天は西、毘沙門天は北の守りを受け持つというのである。この考えにもとづいて、如来や菩薩をお祭りする須弥壇《しゅみだん》の四方に四天王の像が安置されるようになった。

日本で見られる四天王の像には、邪鬼《じゃき》という仏法を犯す鬼を踏んで立つ勇ましい姿をしたものが多い。

36 甲冑をまとい仏教の守護神に

釈尊の四人の従者

仏教が誕生した時には、仏像を拝む習俗はなかった。釈尊は各自が修行によって、どちらにも偏《かたよ》らない中庸《ちゆうよう》の心を持ち「慈悲《じひ》」を行なえと説いた。そのため原始仏教と呼ばれる最初の仏教の教団は、自ら考える修行者の集まりの形をとっていた。

ところが釈尊が亡くなった約五〇〇年後にあたるクシャナ朝（一―三世紀）の時代から、仏像が作られるようになった。仏像を中心とするクシャナ朝特有のギリシャ文化の影響を受けた美術は、ガンダーラ美術と呼ばれる。このあと原始仏教より安易な仏像を拝んで御利益を求める大乗《だいじよう》仏教が発展していった。

クシャナ朝で製作された四天王像は、マガタ国の王子であった時の釈尊に仕えた四人の従者の姿をかたどったものといわれた。

この四天王像がシルクロードを伝わっていくうちに、厳《いかめ》しい武人の姿に変わっていったのである。

ホータン国の兜跋《とばつ》毘沙門天像

シルクロードのタリム盆地（中国の新疆ウイグル自治区にある）南縁に、ホータン国という国があった。東西の交易で栄えた国で、中国では于闐国《うてんこく》と呼ばれた国である。

大乗仏教がクシャナ朝から伝わったあと、この国で毘沙門天信仰が盛行し、ホータン国王が毘沙門天の子孫と称するほどになった。玄奘の『大唐西域記』に、昔子供のないホータン王が毘沙門天に祈ったところ、毘沙門天像の額《ひたい》から子供が現われて王の後嗣ぎになったという話が見える。ホータン国で毘沙門天の姿は、武装した兜跋《とばつ》毘沙門天像となった。これはローマ風の鳥冠《ちょうかん》をかぶり、ペルシア風の甲冑を身につけたものである。

鳥冠は一対の鳥が羽根を広げた形をしたものであり、ペルシア風の甲冑は外套《がいとう》のようなつくりをとる。兜跋毘沙門天像の姿は、クシャナ朝のガンダーラの流れをひく仏像と明らかに異なる意匠（デザイン）をとっている。

ホータンでは、王家の先祖といわれる毘沙門天が、国土守護の仏とされた。この習俗がシルクロードを西進し、中国の人びとも武人姿の毘沙門天を単独で護国の仏、戦勝をもたらす仏として信仰するようになった。

37 中国で武神となった毘沙門天が日本で財運の神に

毘沙門天に戦勝を願う

中国に、次のような記録がある。「唐の天宝《てんぽう》年中（七四二―七五六）に、西域（シルクロード沿いの中央アジア）の異民族の大軍が唐に侵攻してきた。この時皇帝が不《ふ》空《くう》という学問僧に毘沙門天を祭らせたところ、毘沙門天の第二子である独健《どくけん》が戦場に現われて唐軍を励まして敵を敗走させた」

そのため皇帝は、国を防衛するすべての城の西北隅に毘沙門天像を安置させたとある。このような話が中国に、多く伝わっている。不空は占術に通じた僧侶としても知

図12　鞍馬寺

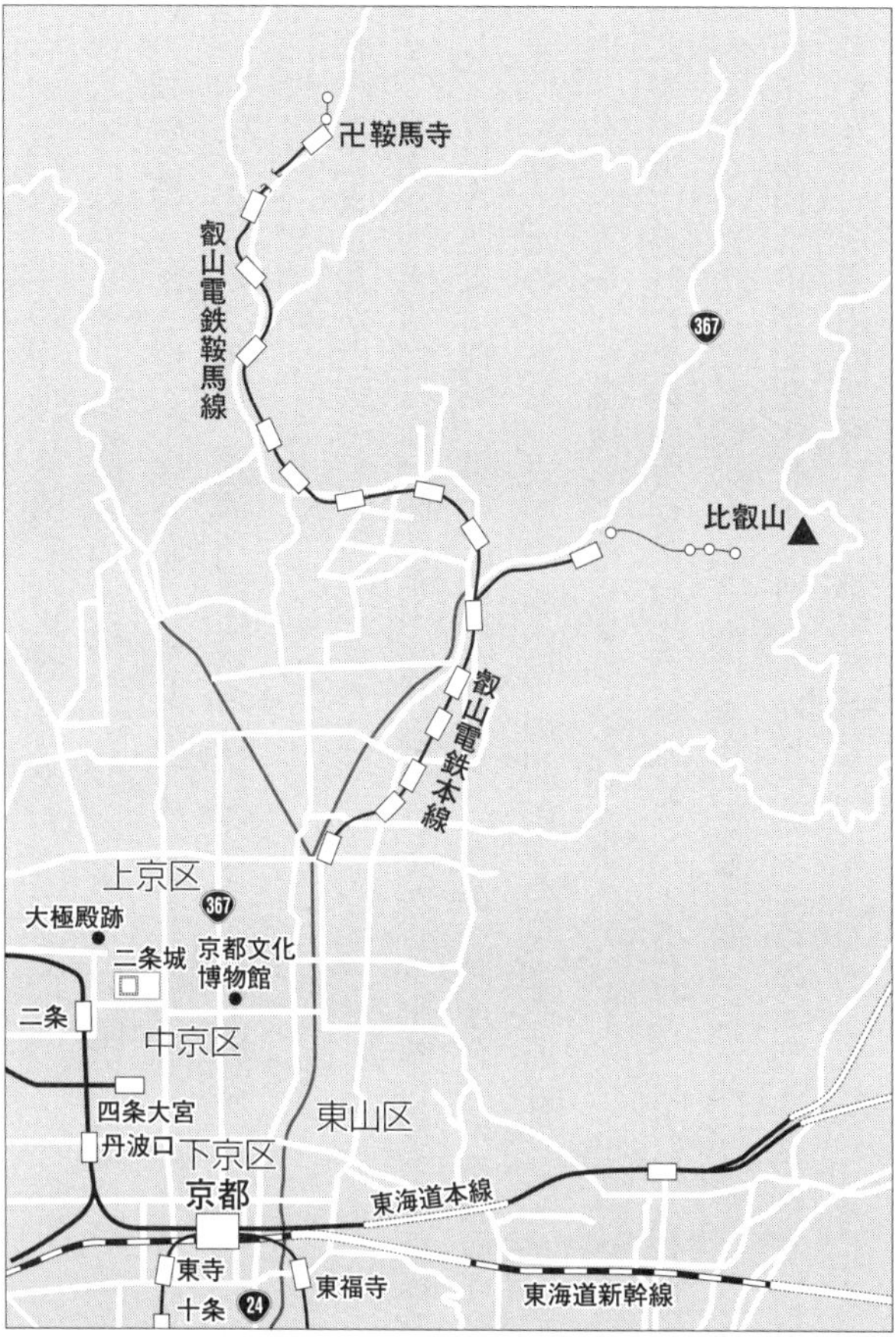
卍鞍馬寺
叡山電鉄鞍馬線
367
比叡山
叡山電鉄本線
上京区
367
大極殿跡
二条城
京都文化
博物館
二条
中京区
四条大宮
東山区
丹波口
下京区
京都
東海道本線
東寺
東福寺
東海道新幹線
十条
24

られ、その学問は日本の空海《くうかい》にも大きな影響を与えた。

日本にも、武神としての毘沙門信仰が伝わった。聖徳太子は四天王に、物部《もののべ》氏との戦いの戦勝を祈った（188ページ参照）。平安京が建設されたあと、朝廷は京都の北方の呪的な守りとするために、毘沙門天を祭る鞍馬寺《くらまでら》を重んじている。

京都の商工民と毘沙門天

武神として毘沙門天信仰は江戸時代まで受け継がれるが、室町時代後半の京都で福の神としての毘沙門天信仰が一挙に広がった。多くの者が、財運を求めて鞍馬寺を参詣するようになったのである。京都の相国寺《しようこくじ》の記録である『蔭涼軒日録《いんりようけんにちろく》』長享《ちようきよう》三年（一四八八）六月三日の箇所に、次のような記述がある。

「鞍馬に参って、帰りに毘沙門天像一体を買い求めた。今日は庚寅《かのととら》という毘沙門天に縁のある日だったために貴賤《きせん》男女二万人ほどが鞍馬寺を詣でたと聞いた」

この記事は相国寺の書記を担当する何人もの僧侶が、寺務のありさまや日常の見聞を長期にわたって書き継いだものの一部である。

直接の原因は明らかではないが、「鞍馬寺を信仰する者が幸運なことで金持ちになった」といった噂などがあったのだろう。その噂をきっかけに、鞍馬寺が福の神として注目されるようになったと考えてよい。

毘沙門天がもとがインドの財運の神であったことも、毘沙門天を福の神にする一因となった。『毘沙門天王経《びしやもんてんのうきよう》』という仏典に、毘沙門天を信仰すれば、

「財宝富貴自在の福利を得る」

とある。毘沙門天の人気が高まったことによって、鞍馬寺は自ら布教しなくても多くの信者を集めた。

38 日本化できなかった毘沙門天、神仏習合できない仏

毘沙門天の三大霊場

奈良県平群《へぐり》町信貴山《しぎさん》の朝護孫子寺《ちようごそんしじ》と鞍馬寺、京都市の毘沙門堂を、毘沙門天の三大霊場という。信貴山は、聖徳太子が物部氏との戦いの勝利を感謝して建てた寺だと

伝えられる。毘沙門天が現われて「この仏を信ずべし、貴《とうと》ぶべし」とお告げを下したので、「信貴山」の名ができたという。

京都の毘沙門堂は、飛鳥時代末にあたる大宝《たいほう》三年（七〇三）に奈良に建てられたといわれている。それが平安京遷都（七九四年）の際に京都に遷された時に、最澄（191ページ参照）が彫刻した毘沙門天を本尊とするようになったという。

しかし日本全体でみると、毘沙門天を本尊とする寺院はそれほど多くない。

神仏習合しなかった毘沙門天

仏教は、日本の古くからの信仰である神道と神仏習合することによって人びとの身近なものになった。奈良時代までの仏教は、朝廷の保護のもとの学問仏教にすぎなかった。

平安時代になって天台宗《てんだいしゅう》や真言宗《しんごんしゅう》などの密教僧が、「仏は神と同じものである」と説いて仏教をひろく布教し始めた。しかし密教僧が毘沙門天を八幡神などの武芸の神と習合させることはなかった。

これは密教が毘沙門天などの四天王をそれほど重んじなかったことによるのであろう。密教僧は、不動明王《ふどうみようおう》が悪を退散させる力を持つ強い仏だと説いていた。

仏教界でそれほど人気がなかった毘沙門天は、商工民に福の神とされることによってはじめてひろく知られるようになったのである。

次章では、本来は毘沙門天よりさらに格の低いものとされ、一部の禅僧だけが好んだ寿老人と福禄寿についてみていこう。これらはもとは、中国の神であった。

第六章

寿老人と福禄寿の謎
同一神なのか？

39 福禄寿と寿老人は幸運をもたらす南極星（老人星）の化身

幸福をつかさどる南極星

福禄寿と寿老人は、中国で祭られた道教の神である。道教は御利益のあるさまざまなものを神として祭ったが、福禄寿も寿老人も長寿を授ける神とされた。

南極星、もしくは老人星と呼ばれる星の信仰が、別々に発展して福禄寿と寿老人の神をつくり出した。南極星の神が福禄寿や寿老人の形をとるようになるのは、中国の南宋《なんそう》代（一一二七―一二七九）、日本の平安時代末に相当する時期であると考えられる。

南極星は人間の寿命をつかさどり、富や好運を授けてくれる星といわれた。

二番目に明るい恒星

北極星は真北を表わす星だが、日本からは真南を示す南十字星は見られない。南極星は地球からみて、北極星の反対側にある星ではない。南極星は、西洋天文学でカノープスと呼ばれた恒星である。

竜骨座の主星であるカノープスは、夜空でシリウスに次いで明るい星である。その星は西洋で占星術に用いられ、文学作品の中でもしばしば取り上げられた。

最初にカノープスに注目したのは、紀元前九世紀から紀元前八世紀にかけて栄えた古代バビロニアの学者だと推測される。バビロニアで生まれた占星術が、インドやギリシャに入ってさまざまに展開した。

中国でも古くから天体観測が行なわれていたが、中国の学者はシルクロードから入ってきたインドや西洋の占星術を意欲的に学び、中国古来のものと融合していった。

40 南極星が現われると天下泰平になるが、現われないと争乱になる

稀に現われる南極星

中国や日本では、カノープス（南極星）はめったに見られない。その星は、限られた時期にだけ地平線の近くに現われるのである。

そのため古代中国では、南極星の出現は、きわめてめでたい出来事と考えられた。紀元前九七年に成立した中国最古の歴史書である『史記《しき》』に、次のような興味深い記事がある。

「地平線近くに南極老人という大きな星があり、この星が現われた時は天下泰平となる。この星が現われないと、兵乱が起こる」

というのである。しかし南極星が見えない期間の方がはるかに長いのであるから、その間ずっと戦乱が続いたわけではあるまい。

『史記』と同じ頃成立した『元命苞《げんめいほう》』という予言書に、「老人星が人びとの寿命を支配する」と記されている。中国の皇帝は、古くから南極星は国家の安泰や皇帝の寿命をつかさどる星だと考えていた。

そのため古代中国の皇帝は、寿生祠《じゅせいし》などと呼ばれる祠堂《しどう》や祭壇を設けさせて、役人に南極星を祭らせた。

日本の南極星信仰

古代中国の南極星信仰は、日本にも伝えられた。日本では南極星は春分の夕方と秋分の明け方にだけ、南の地平線に現われる。

平安時代はじめに当たる延暦二二年（八〇三）に、老人星が現われたとする記事が、『類聚国史《るいじゅうこくし》』に見える。この時陰陽道に通じた陰陽寮《おんみょうりょう》の役人が、天皇に「老人星は吉である」と述べたとある。『類聚国史』は、『日本後紀《にほんこうき》』という大部分が失われてしまった朝廷の公式の歴史書の一部を伝える書である。古代中国では、南極星（老人星）の祭りは国家の祭祀として行なわれていたが、これ以後日本でも、南極星の祭りが行なわれたのであろう。さらに個人の南極星信仰が盛んになるのは、平安時代末にあたる一二世紀以後のことであろう。

41 福禄寿と寿老人は混同されながらも、別々の神として日本に入ったのはなぜ？

福禄寿の出現

北宋の元祐《げんゆう》年間（一〇八六―九三）に、老人星の化身とされる一人の老人が都（開《かい》封《ほう》）に現われたと伝えられている。その老人は身長がわずか三尺（九〇センチメートル）で、体と頭とが同じ大きさであったという。

老人は整った顔で長い髯《ひげ》を生やし、市《いち》に出て占いをして生計をたてていた。銭が入ると、酒代にした。老人はしばしば自分の頭を叩いて、

「我が身は、寿命を益する聖人である」

と言っていたという。

老人の名前は、伝わっていない。しかもこの占いをした老人の伝承の、どこまでが事実であるかも明らかではない。

しかし「私は南極星の化身である」と自称する異相の老人が存在したことによって、福禄寿信仰が起こった可能性は高い。彼がのちに信仰の対象とされて、北宋後の南宋代（一一二七―一二七九）あたりにその不思議な老人をもとにした福禄寿の絵が描かれるようになったのであろう。

泰山《たいざん》の山の神、老子《ろうし》と南極星

道教の開祖である老子《ろうし》は、中国で広く祭られていた。この老子が、仙人になって不老不死になったとする伝えもあり、老子は長寿をもたらす神としても祭られた。そのため老子の信仰と南極星の信仰とが融合して、寿老人という神がつくられた。

寿老人像は老子像に似た、長い髯《ひげ》の上品な老人の姿に描かれた。北宋の時代に、寿老人が開封に現われたとする次のような伝説もある。

「開封の町にただ者と思えない神々しい威厳を持つ老人が現われたので、皇帝が宮殿に招き入れた。そうしたところ老人は酒を七樽も飲み干して姿を消した。皇帝が不思議に思っていると、翌日になって天文台の長官が、『昨夜、南極星が帝星《ていせい》のそばで見えなくなった』と報告してきた。これによって皇帝は、先日の品の良い老人が寿老人であると知った」

この話は後世の人間が、寿老人の権威を高めるために創作したものであると考えられる。

鎌倉時代の日本の禅僧は、南宋のさまざまな文化を学んでいた。中国の南宋代に別々のものとして祭られていた福禄寿と寿老人の信仰は日本ではまず南宋との関わりの深い禅寺に伝えられた。

福禄寿は室町時代に七福神とされたが、寿老人はそれより遅れて江戸時代なかば過ぎに七福神に加えられた。

42 鶴亀を従える福禄寿

福と禄と寿を授ける神

中国では福禄寿は長頭で背が低い異相の老人に、寿老人は端正な顔だちの仙人のような老人として描かれていた。そのため日本の禅寺でも福禄寿と寿老人は全く別の神様として扱われた。

福禄寿は杖を持って、鶴や亀を従えた姿に描かれることが多い。この杖は、鉱脈や水源の場所を示して、人びとを豊かにするためのものであると説明されている。鶴と亀は長寿を象徴する動物である。

道教では、福、禄、寿、つまり幸福と富貴と長寿が人間の三大願望とされていた。そして、中国人は福禄寿は、福、禄、寿の三つすべてを人間に授ける神だと考えた。

もとは福人、禄人、寿人の三人の仙人が信仰されていたが、三人の仙人が合わさって福禄寿の神になったと説明されることもある。日本でもこのような中国の信仰にならって、福禄寿が人間のすべての願いを叶える福の神として祭られるようになったのである。この福禄寿信仰は比較的早いうちから庶民に広がったとみられる。縦に長い額を持つ個性的な福禄寿の顔が、庶民に面白がられたためであろう。

中国の泰山の山の神と福禄寿

道教では、中国のさまざまな山の神が祭られていた。「泰山府君《たいざんふくん》」と呼ばれる山東《さんとう》省の泰山の神は、福禄寿と同一の神であるとする説もあった。

泰山府君は人間の寿命をつかさどる神と考えられており、仏教では閻魔大王《えんまだいおう》の書記とされていた。このことによって泰山府君が、寿命を授ける福禄寿と同一の神とされたのであろう。中国仏教の泰山府君の信仰が伝わったあと、日本では泰山府君は地蔵《じぞう》菩薩を本地（本体）とする赤山権現《しゃくさんごんげん》赤山明神《みょうじん》とされた。

京都の赤山禅院で祭る、赤山明神は福禄寿と同一の神だとされている。縁日の五日に赤山禅院に参拝すると商売が繁昌するといわれているため、赤山禅院は京都とその近郊の商人の参詣者を多く集めている。この赤山明神が、福禄寿を祭神とする日本で

図13　泰山の位置

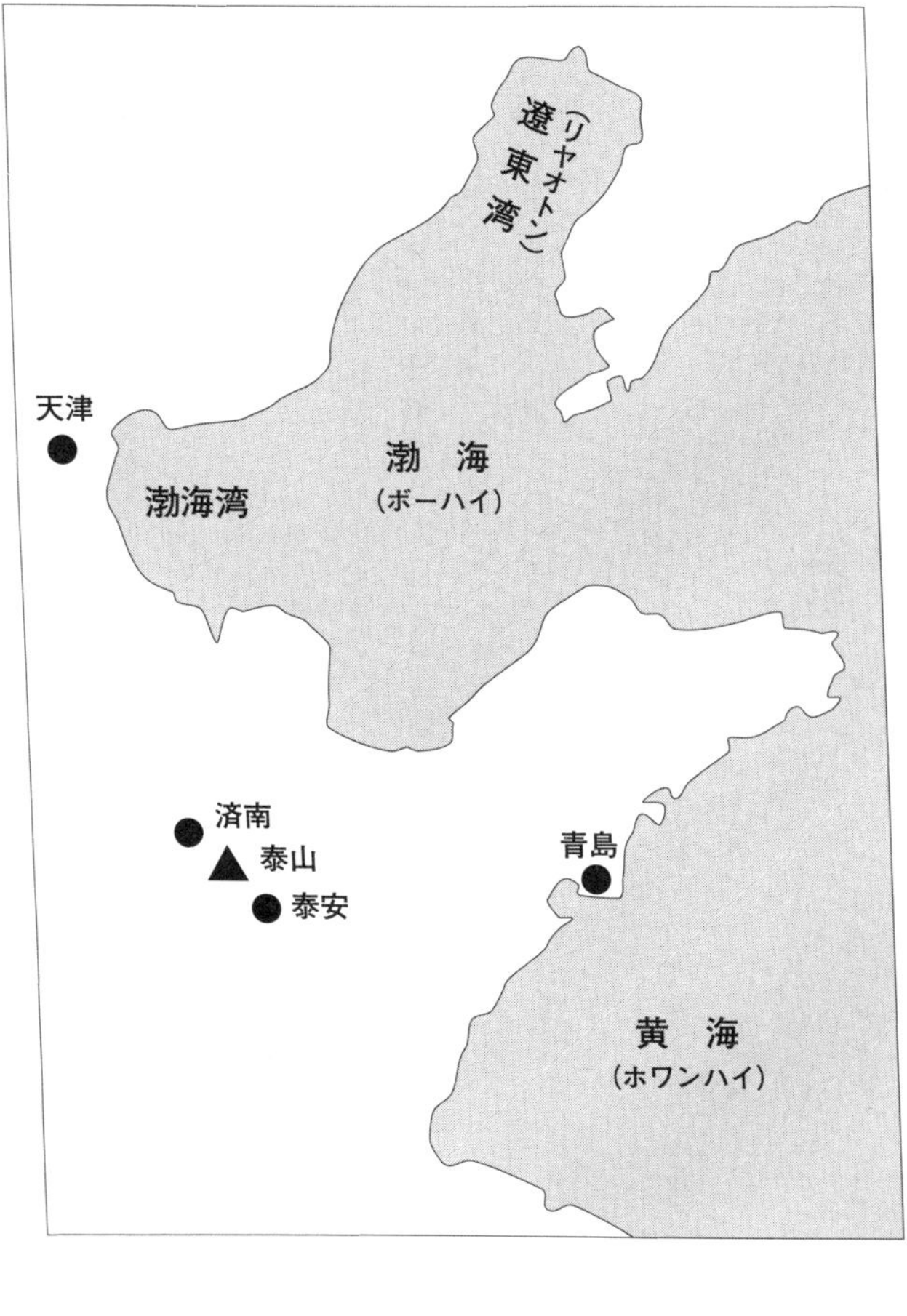

ほぼ唯一の神社である。

43 鹿を伴った寿老人と藤原氏の謎

寿老人の杖と着物

日本人にとって、寿老人は福禄寿よりさらに馴染みの薄い神である。次項の白鬚(白髭)神社を別にすれば、寿老人を主祭神とする神社は、日本に一つもみられない。

室町時代に中国文化にあこがれる禅僧が、福禄寿と寿老人の信仰を取り入れた。しかしこの中国人に人気のあった二柱の神様は、日本では禅寺の外にはほとんど広まらなかった。

そのため七福神巡りの時に、寺院が本尊とは別に祭る福禄寿像や寿老人像を拝むことが多い。

寿老人は杖を持ち、杖に巻物をぶら下げている姿に描かれることが多い。この巻物は「司命《しめい》の巻《まき》」と呼ばれる一人一人の人間の寿命を記したものだといわれている。

寿老人と春日《かすが》信仰

中国の寿老人の絵に、蝙蝠《こうもり》と鹿が添えられていることが多い。中国の蝙蝠の蝠（ホ〔フク〕）の音が福（ホ〔フク〕）と同じで、鹿（ロク）と禄（ロク）の音も共通する。そのために蝙蝠や鹿は、福をもたらす縁起の良い生き物とされた。

日本には蝙蝠を好む風習はみられないが、鹿は春日《かすが》大社（奈良市）や鹿島《かしま》神宮（茨城県鹿島市）の神様の神使とされていた。春日大社は、朝廷で最も有力な貴族である藤原氏の氏神で、日本国内に多くの分社をもつ。

春日信仰をもつ人びとが、鹿を従える寿老人に親近感を感じ、寿老人を福の神として重んじる集団の中心となったのであろう。しかし個性のないありふれた上品な老人の姿をした寿老人は、印象が薄かった。そのため寿老人が庶民に馴染み深い福の神となっていくのは、江戸時代に入ってからであると考えてよい。

44 江戸で古くから祭られてきた猿田彦命の白鬚神社の祭神が寿老神になる

渡来人が広めた信仰

隅田川七福神（217ページ参照）では、東向島《ひがしむこうじま》の白鬚神社の祭神が寿老神と呼ばれて七福神の中の一柱になっている。白鬚神社は東向島のあたりの住民の氏神で、猿田彦命（96ページ参照）を祭神とする。

猿田彦命は天孫降臨の時に皇室の祖先、瓊々杵尊を道案内したことによって、道案内の神、旅行者を守る道祖神《どうそじん》とされた。さらに猿田彦命はお客さまを案内する神様として、千客万来、商売繁昌をもたらす福の神としても信仰されてきた。

白髭神社は近江の白鬚大明神の分社とされる。そこの伝承は平安時代はじめに天台宗の高僧、円仁《えんにん》が白鬚神社をつくったとする。しかし江戸川《えどがわ》区にも、二か所の白鬚神社がある。そのために古代に入間《いるま》川上流の高麗《こま》神社（埼玉県日高《ひだか》市）のあたりに勢力を張った渡来系の豪族が、白鬚神社を広めたのではないかとする説が出されている。かれらが入間川流域から荒川、隅田川流域へと広がっていったのではないかというのである。

この他に「隅田川流域の白鬚神社は、隅田川の洪水をしずめるために建てられたものである」と説明されることもある。猿田彦命という巨体をもつ強い神に、川の神の乱暴を防いでもらおうとしたというのだ。

寿老神が寿老人に

白鬚神社のすぐ近くに、向島百花園がある。ここは佐原鞠塢《さわらきくう》（217ページ参照）の屋敷の庭園をもとに作られた公園である。

ある時に文人たちが鞠塢の屋敷に集まり、鞠塢が祭る福禄寿像を含む七福神を作ろうとした。この時できたのが、隅田川七福神である。

寿老人だけは、近くの社寺になかった。そこで文人たちは、白鬚神社の白鬚大明神を寿老人の代わりにすることにした。

白鬚大明神は白い髭を生やした老人の姿をしており、福の神であったからだ。この時に神様として祭られていた白鬚大明神を尊んで「寿老神」と呼ぶことになった。

このような文人の座興の場で、寿老人の神仏習合がなされたのである。次章ではもう一つの中国系の福の神である布袋尊についてみていこう。

第七章

布袋様は実在の人物

45 神様になった僧侶

唐代末期の中国の謎の僧侶

布袋尊の名で七福神の一つとなった布袋和尚は、唐代末期の中国に実在した僧侶である。かれは死後に弥勒《みろく》菩薩の生まれ変わりだと考えられて、神格化された。

しかし布袋和尚の実像は、ほとんど明らかではない。かれは官寺で出世を目指すのを好まず、一生、放浪生活をおくったと伝えられている。このような経歴が、布袋和尚の生涯を不確かなものにしている。

布袋和尚は九一六年に、浙江《せっこう》省の岳林寺《がくりんじ》で亡くなったと伝えられている。このことは、信じてよい。布袋和尚は本名を契此《かいし》といい、大きな布の袋を担いであちこち旅をしたために「布袋和尚」と呼ばれたという。

布袋和尚の考える仏法

臨済宗の坐禅は、僧侶や参禅者に「公案《こうあん》」と呼ばれる問題を与えてこれを考えさせる形をとっている。無欲な生活を貫いた布袋和尚は、質素を重んじる立場をとる禅僧に慕われた。

禅僧の間で伝えられた公案の中で、布袋和尚を主人公とする次のようなものがある。

「一人の僧侶が布袋和尚の前を通り過ぎた時、布袋和尚はその僧侶に銅銭一枚を恵んでほしいと頼んだ。僧侶は銅銭を和尚に渡し、『銅銭を差し上げる代わりに、一言で仏法を説き尽くしてください』と頼んだ。

すると布袋和尚は、一言も口にせず、肩に担いでいた布袋を地面に投げ出して偉い人に敬意を示すように謹んで直立した」

公案を与えられた者は、この時布袋和尚が何を教えようとしたのか解くのである。一つの答えとして、次のように解釈することもできよう。

「仏法とは全財産を差し出して、最上級の礼をもって学ぶべきものである」

布袋和尚を慕う者は、和尚は仏法を敬う気持ちから無欲な生活をとり続けたと解釈したのである。

46 人々が憧れた布袋和尚の天気予知と食べ物の尽きない袋

食物を乞う布袋和尚

布袋和尚は太った体で、いつも微笑《ほほえ》んで歩いていたと伝えられる。和尚の姿を見た者は、幸福な気持ちになったという。

和尚は理詰めの難しい仏法の話をせずに、その場その場に合わせて、出会う人の喜ぶような話をした。悪くいえば、和尚の教えは支離滅裂であったといわれる。

人びとは和尚を「散聖《さんせい》」、つまり世俗を捨てた聖人と呼んだ。

布袋和尚はあちこちで、人びとに食べ物を求めて生活していた。貰った食物はすべて袋に収められた。和尚はその中から、僅かな食べ物を食べて生活していた。和尚の背負う袋はいつも食べ物が満ちており、それが尽きることはなかったと伝えられる。布袋和尚が、いくらでも食べ物が出てくる不思議な袋を持っていたわけではない。多くの人が和尚に食物を与えたために、いつも袋は一杯になっていたのであろう。布袋和尚がその袋から、お腹をすかせた貧しい人に食物を与える場面も多かったろう。

布袋和尚の不思議

布袋和尚が、仏に与えられた不思議な知恵を持っていたとする記録もある。和尚が、雨用の草履《ぞうり》を出して雨の時の支度をすれば、雨が降った。また和尚が屋根の下に眠らず野宿をした夜には、一度も雨が降らなかったという。人に頼まれて布袋和尚が判断をした時には、その判断が外れることはなかったという。

布袋和尚は経験をもとに空の色の変化、雲の形、燕《つばめ》や昆虫の動きをみて、天気の変化を予測できる人だったのであろう。またかれがいろいろな人の相談を受けてほぼ適切な助言をしたことから、和尚を占いの名人とする伝えができたのであろう。

布袋和尚は貧しい生活の中で、多くの人助けをした。これは自分自身の能力で釈尊の「慈悲」の教えを実現したものと評価できる。それゆえ和尚は「仏様のような優しい心の持ち主」として、多くの人に慕われたのである。

47 布袋和尚の前世は弥勒菩薩

未来仏、弥勒菩薩

仏教で弥勒菩薩は、「未来仏」とされている。布袋和尚は、この「未来仏」を篤《あつ》く信仰していたと考えられる。

弥勒菩薩は、釈尊（釈迦如来、釈迦仏）が入滅《にゅうめつ》した（亡くなった）五六億七〇〇〇万年後に現われて仏（如来）となって人びとを救済するとされた。

そのため弥勒菩薩は、将来に仏として人を救うために、兜率天《とそってん》という天の世界で菩薩として修行しているとも言われた。修行中の仏が菩薩で、悟りにいたった仏が如来

（仏）である。

弥勒菩薩の像として、兜率天で瞑想《めいそう》にふける姿をかたどった半跏思惟像《はんかしゆいぞう》がいくつも作られた。日本のものでは京都の広隆寺《こうりゅうじ》に所蔵された飛鳥時代の半跏思惟像が有名である。

半跏思惟像は椅子《いす》に坐り、右足を組んで左足を下ろし、右手で頬杖《ほおづえ》をつくような姿をとっている。この像から、弥勒菩薩は知恵をもつ仏と考えられた。

布袋和尚と弥勒信仰

布袋和尚は、さまざまなことに苦しむ貧しい庶民を日常的に見ていた。そのためかれは、弥勒菩薩の持つ人びとを救う知恵がほしいと切実に願ったのであろう。

布袋和尚は臨終の時に、次のような偈《げ》（詩の形で仏教の教理を説いたもの）を残している。

「弥勒は真の弥勒にして、分身は千百億なり。時々に時人《じじん》に示すも、時人自ら識《し》らず」

弥勒菩薩は多くの分身を用いて常に仏法を人びとに説いているが、そうとわからない者が多いというのである。この偈を根拠に布袋和尚が弥勒菩薩の教えを説く菩薩の分身とされた。さらに、のちには和尚自身が弥勒菩薩がこの世に仮に現われたものだと考えられるようになっていったのである。

48 福々しい姿で愛された布袋尊

中国の布袋図

九一六年に布袋和尚が亡くなると、人びとが競って和尚の姿を絵に描いたと伝えられている。中国の人びとは、顔の輪郭《りんかく》が丸く、頬の肉付きが豊かで耳の大きい福相《ふくそう》の顔が大好きであった。

布袋図の多くは、服の前をはだけて真ん丸い太鼓腹を出した和尚の姿を描いている。和尚は大きな布の袋を肩にかけて、満面に笑みを浮かべて闊歩《かっぽ》している。

南宋代から明代にかけての禅寺では、このような布袋和尚の絵が多く描かれた。

玉室宗伯《ぎょくしつそうはく》という中国の禅僧が、次のような賛《さん》（絵画に添えられた詩）を布袋図に記している。

「杖頭《じょうとう》の日月《にちがつ》、嚢中《のうちゅう》の乾坤《けんこん》、咄々々々《ああああ》、補処尊《ほしょそん》と称す」

布袋和尚が自由に旅をした時間は、天地の悠久の時から見れば僅かなものである。しかしその間に悟りの境地に到った和尚は、次の生（転生《てんしょう》、生まれ変わり）から仏の位になる補処尊とすべき御方であるというのである。

布袋信仰が日本に伝わる

南宋代から明代にかけての日中の交流の中で、布袋信仰は日本の禅寺に広まっていった。室町時代の禅僧は、中国のものをまねた多くの布袋図を残している。

布袋和尚を弥勒菩薩とする信仰も、日本に受け入れられた。京都府宇治《うじ》市に黄檗宗《おうばくしゅう》（江戸時代に新たに伝わった禅宗）の萬福寺《まんぷくじ》がある。ここの天王殿《てんのうでん》には、布袋尊像が弥勒菩薩像と称されて祭られている。この像は高さ一一〇センチメートル余りの木像で、明朝から日本に黄檗宗を伝えた僧隠元《いんげん》（一五九二―一六七三）が作らせたものだという。

この他に本尊の他に布袋尊を祭る寺院や、境内に布袋堂を建てる寺院も多い。

49 茶道界で大人気の布袋尊

布袋尊の御利益

布袋信仰は、室町時代後半に京都の禅寺から「町衆《まちしゅう》」と呼ばれた京都の商工民に広まったものである。そのため現在でも、布袋信仰の中心は京都にある。

室町後期から戦国時代にかけて、恵比寿信仰についで大黒天信仰が京都で急速に高まった。こういった時期に、布袋尊は神様である恵比寿様や天部の仏の大黒天より身近な、人間に近い福の神として好まれた。

大黒天と恵比寿様を神棚で祭る商家の主人が、床の間に布袋尊の絵を掛けてさまざまな願い事をする。こういった場面が見られた。大黒天と恵比寿様は商売繁昌をもたらす商家の守り神である。これに対して布袋尊は、「長生きしたい」「誰にでも好かれる人間になりたい」といった主人の個人的な頼みを聞いてくれるものとされたのである。

現在、布袋尊は財運と家庭繁栄、平和と安穏、不老長寿、学問や交渉術の上達、安産と子育ての御利益のある福の神だと説明される。人びとが布袋尊にさまざまな願いをかけてきたことによって、布袋尊は多様な御利益のある福の神とされたのである。

京都の町衆の豪商と茶の湯

京都の町衆が資金を出しあって開く庶民の祭りである祇園祭は、室町時代に華やかなものに整備された。祇園祭では、山鉾《やまぼこ》と呼ばれる多くの巨大な山車《だし》が引き回される。

かつては布袋山《ほていやま》という山鉾があったが、江戸時代に焼失したと記録されている。現在では布袋尊が乗る山鉾を引く代わりに、祇園祭の宵山《よいやま》の時に布袋尊と二人の童子の像を飾る。この二人の童子は、僧秋月の七福神図に見える布袋尊が乗る小舟を棹《さお》で操る二人の唐子《からこ》（中国人の子供）に相当するとみられる（25ページの図参照）。布袋尊

の祭りが開かれている。

室町時代後期に茶の湯（茶道）ができると、茶会が京都の町衆の社交の場となった。茶の湯の世界でも、布袋尊は人気者であった。

茶器、茶入《ちゃいれ》などの茶道具に、布袋様の絵が多く描かれた。茶の湯は、主人が客を招いて質素だが細かい気遣いにあふれた持て成しをするものである。客に楽しく過ごしてもらえば、茶席は成功である。無欲で明るく、出会った人びとを幸福な気持ちにした布袋尊が、このような茶の湯の世界の理想像とされたのだ。

50 仏の化身と言われる一八人の童子を連れた布袋様

子供を従える和尚

布袋和尚は布袋だけを持ってあちこち旅して巡る生活を送っていたが、一八人の子供を従えていたと伝えられる。その子供がどこから来たものか、誰も知らなかったという。

次のような話もある。

「ある夏の日に、布袋和尚が川で水浴びをした。すると子供たちが、布袋様が川岸に置いた衣服を取って走り出した。これを見た和尚は、裸のままで追いかけた。

この時の布袋様は、子供がふざけ合っている時のように楽しげな表情をしていた。そのために太った布袋様が子供のあとを走る姿を見た多くの人は、みんな明るい気持ちになった」

仏の化身の子供

実在の人物である布袋和尚が出家の身で、多くの子持ちであったはずはない。かれは身よりのない子供を集め、自分が持つ袋の食物を与えて世話をしていたのであろうか。

しかし布袋尊を神格化した人びとは、布袋和尚と共に旅をした子供たちは仏の化身であると説明した。和尚はつねに子供の姿をした仏に守られて旅行してまわり、あれこれ人助けをしたのだというのである。

日本では布袋様に従う子供の数は一八人でなく二人であるとするものが多い。祇園祭の山鉾の布袋尊の像は、二人の童子を従えていた。七福神の図の中にも、布袋和尚と中国の子供（唐子）二人を描いたものがある（145ページ参照）。

これまで個々の七福神について説明してきたが、次章では七福神を、日本の福の神信仰の中で考えていこう。

第八章

なぜ日本人は七福神が好きなのか

51 町人の成長と福の神の盛り上がり

京都と貴族の氏神

福の神信仰は、京都という室町時代の国内最大の都市で生まれた。この時代の地方は、まだ細かい武士の領地に分割された状態にあった。

武士が領主として治める地方の村落では、氏神に相当する村落の守り神が祭られていた。農村の住民は、その氏神様にあらゆる頼み事をしていた。

ところが京都の商工民には、身近な土地の守り神がなかった。京都の有力な神社の多くは、貴族が平安時代に起こしたものである。

藤原氏は奈良の春日大社と共に、京都の吉田《よしだ》神社を信仰した。橘《たちばな》氏は梅宮《うめみや》神社、菅原氏は北野《きたの》神社（北野天満宮）を祭っていた。しかしこのような貴族の氏神は、庶民のための神社ではなかったのだ。

京都の商工業の発展

京都は鎌倉時代後半の時点で、全国の流通の中心になっていた。地方の物資が京都に運び込まれ、行商人の手で京都から各地の地方都市や農村に売り込まれていたのだ。

京都に室町幕府が作られると、京都の重要度は急拡大した。幕府による日明《にちみん》貿易によって絹織物、生糸、薬種、陶磁器などの唐物《からもの》と呼ばれる高額な商品が京都に持ち込まれた。京都における手工業も、長足の発展をみせた。

廻船《かいせん》がさかんに運行されるようになり、京都の商品を地方に送る問屋《といや》が活躍した。こういった動きの中で、大規模な商売を営む豪商が京都に出現した。

最初は豪商が、武士や旧家が祭る神様と異なる福の神を、自分たちの心の拠《よ》りどころとして信仰した。この福の神信仰は、すぐさま豪商にあこがれる中流以上の商工民に広がっていったのである。

52 恵方参《えほうまい》りの流行

江戸の福の神

戦国動乱がおさまったあと、福の神信仰は下層の庶民にも広がっていった。安土桃山時代の前半（織田政権）頃までは、福の神信仰の担い手は知識層と呼ぶべき中流以上の商工民であった。

かれらは神様の由来を理解したうえで、恵比寿様、大黒天、毘沙門天などの福の神を信仰した。ところが江戸時代直前にあたる安土桃山時代後半（豊臣政権）に日本全体が好況になると、下層の商工民や一部の農民まで知識層の福の神信仰をまねるようになった。

かれらは単純に、

「福の神を拝めば、思いもよらぬことで金持ちになるかもしれない」

と考えた。

図14　恵方の出し方

その年の十干	甲	乙	丙	丁	戊	己	庚	辛	壬	癸
恵　方	甲	庚	丙	壬	丙	甲	庚	丙	壬	丙

図15　恵方は全方位を24に分けた中の1つになる

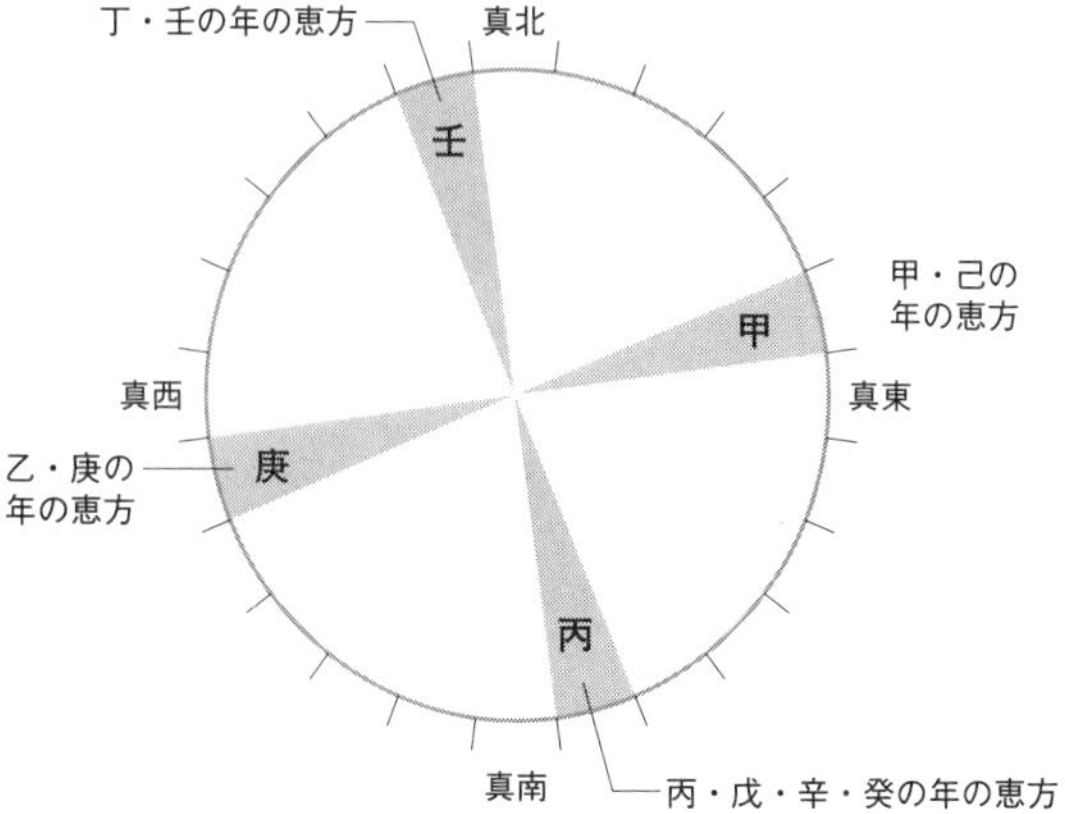

流行神《はやりがみ》の出現

江戸時代に入ると、庶民が福の神信仰の主な担い手になっていった。こういった中で、何かをきっかけに、

「〇〇の神様に参れば、大きな御利益がある」

という噂が広まることがある。これによってさまざまな神社が「流行神」と呼ばれる多くの参詣者を集める神様になり、福の神にされた。

江戸時代なかば頃から江戸の町人の間で、恵方《えほう》の福の神に詣でる「恵方参り」が流行した。正月の三が日のうちに、家からみて恵方と呼ばれるその年の縁起の良い方向の神社に参詣するものである。

恵方は、その年の暦の甲《きのえ》、乙《きのと》などの十干《じっかん》によって決められた。甲《こう》、乙《おつ》、丙《へい》などから成る十干は、十年で一巡りする。甲と己《き》の年は東寄りの東北東、乙と庚《こう》の年は西寄りの西南西、丙と辛《しん》と戊《ぼ》と癸《き》の年は南寄りの南南東、丁《てい》と壬《じん》の年は北寄りの北北西が恵方とされた。

恵方にある御利益の大きい神社に参ると、大きな福を掴《つか》むとされた。そのために恵

図16　流行神

福　神	稲荷、大黒天その他の七福神など
疱《ほう》瘡《そう》神《がみ》	疱瘡を起こす疫病の神が福神として祭られる
和霊信仰	死者の霊を神とする（宇和島藩の家老・山家《やんべ》清兵衛《せいべえ》が祟りを起こした後に福神となった例など）
御霊信仰	神田明神（平将門）など怨霊を祭るもの

方参りの流行によって、江戸の福の神の神社が大いに栄えた。やがて恵方参りは、地方にも広まった。そして恵方参りをもとに、三が日に人気のある寺社を訪れる現在のような初詣でが作られていった。

53 お伊勢参りと七福神

日本で最も格の高い神社が伊勢神宮

江戸時代の江戸の町で人気のあった神様に、お伊勢様、富士山、お稲荷様、七福神などがある。伊勢神宮は、現在も日本で最も権威の高い神社と考えられている。神道の家は神棚《かみだな》で神社のお札を祭るが、神棚では神宮大麻《じんぐうたいま》（大麻）と呼ばれる伊勢神宮の御札が第一位、氏神様のお札は第二位に置かれる。

この他に、その家の者が特に信仰する神社を崇敬《すうけい》神社として、そこのお札を第三位に祭ることができる。恵比寿様などの七福神のお社は、たいてい崇敬神社とされる。

このような神棚における扱いの違いは、伊勢神宮と七福神との格の違いからくるものである。この違いを理解することによって、福の神の独特の性格が浮かび上がってくる。

図17　お札の祭り方

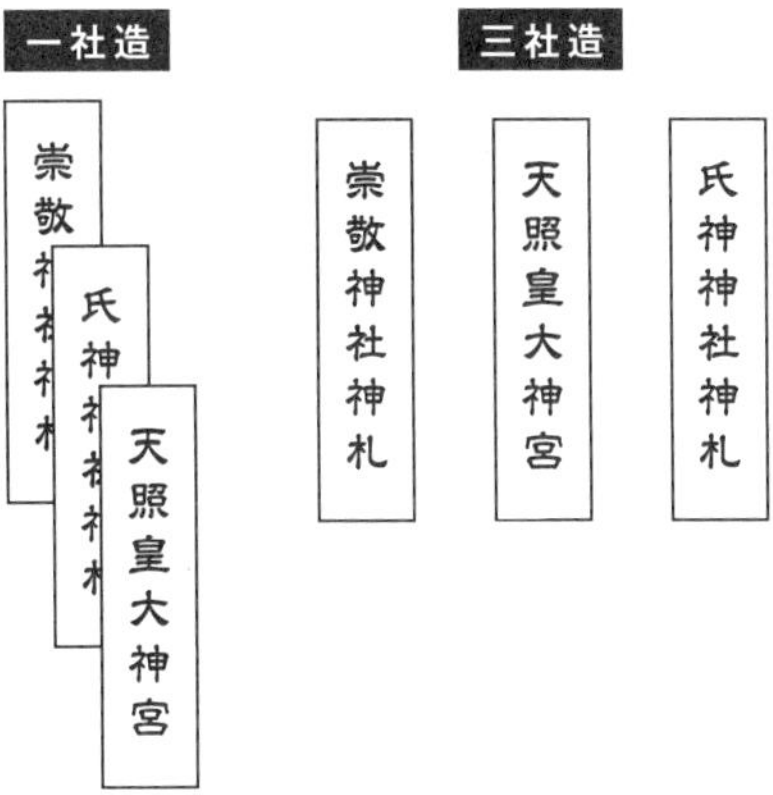

伊勢の布教

伊勢神宮で祭られる天照大神は、皇室の祖先神で日本の国土全体の守り神とされた神様である。しかし皇室が人びとに、

「天照大神を重んじるように」

と命じたわけではない。貴族政権がきっちり国を治めていた平安時代なかばまでは、伊勢神宮は天皇が祭る神とされていた。朝廷は「私《し》幣《へい》禁《きん》断《だん》の制《せい》」という、一般人が伊勢神宮にお供えをすることを禁止する方針をとっていた。

ところが平安時代末以後、朝廷が伊勢神宮に十分な援助をできなくなっていった。そこで伊勢神宮は各地に荘園という領地を経営し、庶民を信者にして寄進を求める方向をとった。さまざまな資金集めによって、神社を経営していく方向に転換したのだ。

「伊勢の神領《しんりょう》」などと呼ばれる伊勢神宮の領地は、東日本に多かった。そのため伊勢の布教は神地を拠点に、主に東日本を中心に行なわれた。布教のために地方を巡る神職は口入神主《くにゅうかんぬし》などと呼ばれた。鎌倉時代に口入神主の活躍で、庶民がまとまってお伊勢参りをする姿が見られるようになった。

室町時代に、口入神主の名称が御師《おし》と変わった。この時代に、一人の御師が一つの地域を担当して庶民を伊勢講《いせこう》に組織するようになった。このあと伊勢神宮を信仰する者の数が、急増した。

御師が神明《しんめい》神社や天祖《てんそ》神社と呼ばれる伊勢神宮の分社をひらいて、一つの地域の氏神にすることもあった。神明神社は、現在、日本で五番目に数の多い神社になっている（63ページの図参照）。

御師は各地で『古事記』『日本書紀』の神話を根拠に、

図18　江戸時代の町人が信仰した神

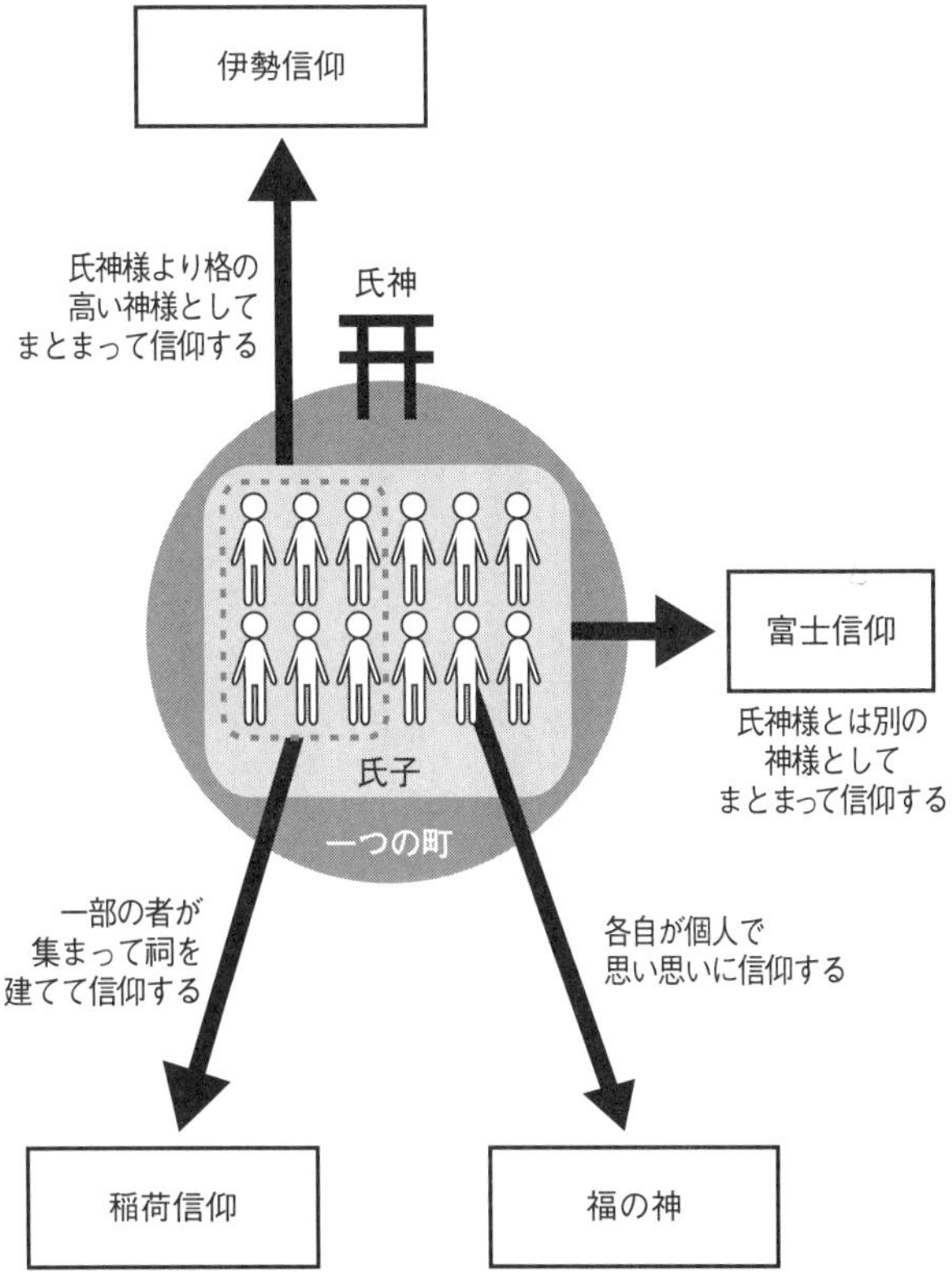

「天照大神が、最も権威の高い神社である」

と説いた。このことによって、神棚の第一位に伊勢神宮のお札を祭る習俗がつくられたのである。福の神信仰は個人を単位に広がったものだ。恵比寿様を祭る西宮神社の布教は、人形芝居の大道芸を見に来た個人を対象に行なわれたものである。これに対して伊勢神宮の布教が、一つの村落を単位とする集団を対象としていたことに注目したい。これから取り上げる神々をみていくと、伊勢信仰、富士信仰、稲荷信仰、七福神信仰の各々の特性と、それらの違いがわかってくる。

54 富士山と七福神

富士信仰と浅間《せんげん》神社

富士山を霊山として信仰する富士信仰は古い時代からみられたが、平安時代の頃から富士山の神は浅間神《あさましん》と呼ばれるようになった。平安時代末に神仏習合によって作られた修験道《しゆげんどう》が盛んになると、浅間《せんげん》神社が修験者《しゆげんじや》（山伏《やまぶし》）たちの拠点となった。

静岡県富士宮市《ふじのみや》、山梨県笛吹市の二か所の浅間神社は、もとは富士山を遠くから望拝する聖地であった。のちに富士山頂に、浅間神社の奥宮がつくられた。

江戸時代になると、多くの庶民が富士山に登拝するようになり、浅間神社が大いに賑わうことになった。

富士講《ふじこう》の広まり

江戸時代に「富士の八百八講」と呼ばれる多くの富士講が作られ、富士信仰が盛行した。富士講の人びとは先達《せんだつ》と呼ばれる指導者の道案内で、集団で富士山に登拝した。

かれらは主に富士山の麓の吉田（山梨県富士吉田市《ふじよしだ》）の御師の自宅に設けられた宿坊に泊まった。この宿坊で登山に必要な修祓《しゅばつ》などの神事を受け、荷物持ちをして道案内を務める剛力《ごうりき》を世話してもらって山に登ったのだ。

長谷川角行《はせがわかくぎょう》という修験者が、江戸時代のごくはじめにあたる一六二〇年頃に、江戸の市中で呪術を行ないつつ富士信仰の布教を行なった。彼が富士山の神様の呪力を用いて、疫病をしずめたという伝説もある。このことをきっかけに、富士信仰が急速に広まった。

富士信仰は江戸時代の流行神の一つといえるものであるが、その布教が江戸の一つの町の組織を単位に、地域の集団を対象に行なわれたものである点を重視しておきたい。

55 お稲荷様と七福神

秦《はた》氏と稲荷神

稲荷神は、江戸時代の江戸の町人に最も広く祭られた神である。この神は古くは、古代豪族、秦《はた》氏の氏神であった。

秦氏は現在の京都市の太秦《うずまさ》に本拠をおく、渡来系の有力豪族である。かれらは故郷の朝鮮半島南端から持ち込んだ技術を生かして朝廷に仕え、大きく発展した。

秦氏は、京都の南にある伏見《ふしみ》（京都市伏見区）の稲荷山《いなりやま》の神を祭っていた。この神は宇迦之御魂神（99ページ参照）という、食物の神とされた。

秦氏は、地方に多くの領地を広げて繁栄した。そのため稲荷神はまず、秦部《はたべ》などと名乗る秦氏に従った地方豪族の氏神として広がっていった。

稲荷神が有力な福の神に

稲荷神は、稲を育てて食物を授ける農業の神として信仰されていた。ところが室町時代に商人の活躍が盛んになると、

「さまざまな御利益のある稲荷神は、商売繁昌の願いも聞いてくれる」

と言われるようになった。武士の信仰があつい八幡神社や諏訪神社は商人たちにとって、敷居が高い。そのためにかれらは秦氏の関係者を通じて農民の間に広まっていた、稲荷神を信仰したのである。

江戸時代に江戸の町が繁栄すると、町人たちは新たに多くの稲荷神社を起こし、そこを福の神として祭った。つまり現在みられる稲荷神社には、古代から続く秦氏ゆかりの集団の氏神の神社と、町人が個人的に信仰する福の神として建てられた神社との

二つのものがある。

56 初夢の習俗と七福神

初夢は年占《としうら》

前（27ページ）にも記したように、七福神の姿は初夢の夜に枕の下に敷く絵を通してより人びとの身近なものになった。

「一月二日の夜に、富士山、鷹、茄子《なすび》の夢を見ると良いことがある」と言われて、「一富士、二鷹、三茄子」という言葉が作られた。このような形の初夢は、江戸時代に江戸の町でつくられたものである。

初夢の習俗は、年占《としうら》の神事をもとに生まれた。日本では古くから、年頭に神様にその年の吉凶を尋ねる年占の神事が行なわれていた。

このような年占の神事の一つに、全国各地で近年まで行なわれていた粥占《かゆうら》がある。正月十五日に、竹や中が空《から》の茅の茎を入れた鍋で粥を炊く。粥が出来上がった時に、竹や茅の管《くだ》に入った粥の多少によって稲の出来、不出来を占うのである。

諏訪大社下社春宮《しもしゃはるみや》で古くから行なわれてきた筒粥神事《つつがゆしんじ》という年占は必ず当たるといわれ、諏訪七不思議の一つとされている。あらかじめ定められた特定の日の夢で一年を占った年占が、初夢の習俗となったのだ。

良い夢を見るために

貘《ばく》という動物は、悪い夢を食べるといわれた。そのために室町時代の京都で、何かを始めるに当たって「貘」という字を書いた紙を枕の下に敷いて夢判断をする習俗がうまれた。

後水尾《ごみずのお》天皇が書いた貘の字を彫った江戸時代はじめの版木が残っている。天皇が印刷した貘の字を公家たちに配ったのであろう。

江戸の町でも夢占いが行なわれたが、そのうち誰が言い出したのか次のような話が広まった。

「年のはじめに徳川家康に因《ちな》む夢を見れば、家康にあやかって出世できる」

そのため家康が好んだ、富士山、鷹狩り、茄子の夢が良い夢とされた。宝船に乗った七福神の版画を売り歩く習俗は、元禄《げんろく》時代と呼ばれる一七世紀末から一八世紀はじめ頃につくられた。

57 七福神と縁起物

護符《ごふ》と縁起物

神社でお札《ふだ》をもらって神棚で祭る家庭の祭祀や、社寺で護符《ごふ》、お守《まも》り札をいただいて身に付ける習俗が広まるのは江戸時代である。公家や武士身分の人間が神様の分霊をいただくことや、護符をお守りにする考えは古くからあった。しかし室町時代までの庶民の多くは、

「神様は特別のことをしなくても、みんなを守ってくれる」

と考えていた。お守り札などは、福の神に個人的な願いを託す慣行ができた後に、庶民に広がったものだ。

江戸時代なかば頃から、お守り札をよりわかりやすい形にした縁起物も作られるようになった。矢の形をした邪霊を退ける破魔矢《はまや》は、現在でも多くの神社でみられるものである。江戸の豪徳寺《ごうとくじ》（世田谷区《せたがや》）からは招き猫、高崎《たかさき》（群馬県）の達磨寺《だるまでら》からは目なし達磨が広まった。

恵比寿様の笹

多くの人が好む縁起物として、東京では熊手、関西では福笹が知られる。鷲《おおとり》神社（台東区）などで十一月の十二支の酉《とり》の日に開かれる酉の市《いち》には、熊手を売る露店が多く出る。関西の一月九、十、十一日の戎《えびす》祭《まつ》りには、福笹が売られる。

酉の市の熊手は安永《あんえい》から天明《てんめい》にかけての時期（一七七二―八二）に、富を集める熊手としてつくられた。

福笹の起源は明らかでないが、大坂で商業が栄える元禄時代（一七世紀末から一八世紀はじめ頃）頃からあるものらしい。福笹は恵比寿様が持つ釣り竿を模したもので、笹には小判や恵比寿様の顔をかたどった瀬戸物などを下げる。

恵比寿様の顔は人びとに、

「いつもえびす顔で明るい気持ちで過ごせば、福がむこうからやって来る」

と教えるものだとされる。また恵比寿様は忘れっぽい神様なので、家に福笹を飾って何度も恵比寿様にお願いするのがよいとも言われている。

次章では、日本の神道の流れの中で、七福神信仰が現在のような形になるまでの歴史を考えよう。

第九章

七福神の歴史

58 大国主命信仰の後退

地方豪族を担い手とした大国主命信仰

大国主命を祭祀の担い手は、古代の有力な地方豪族たちであった。かつては独立した小国の首長であったかれらは、小国というまとまった土地の守り神である国魂《くにたま》として大国主命の祭祀を行なった。

有力な地方豪族の下には、一つの村落を治める小豪族がいた。かれらは大国主命の祭司を務める有力な豪族の下で、大国主命の分霊もしくは大国主命の親族の神や家来筋の神を祭っていた。

飛鳥時代直前にあたる六世紀はじめに皇室の先祖は、それまでの大物主神《おおものぬしのかみ》という大国主命と同一の神（75ページの図参照）に代わって、天照大神が自分たちの先祖神であると唱えるようになった。

これによって平安時代はじめまで、大国主命を祭る多くの地方豪族が、天照大神を

図19　天照大神と大国主命

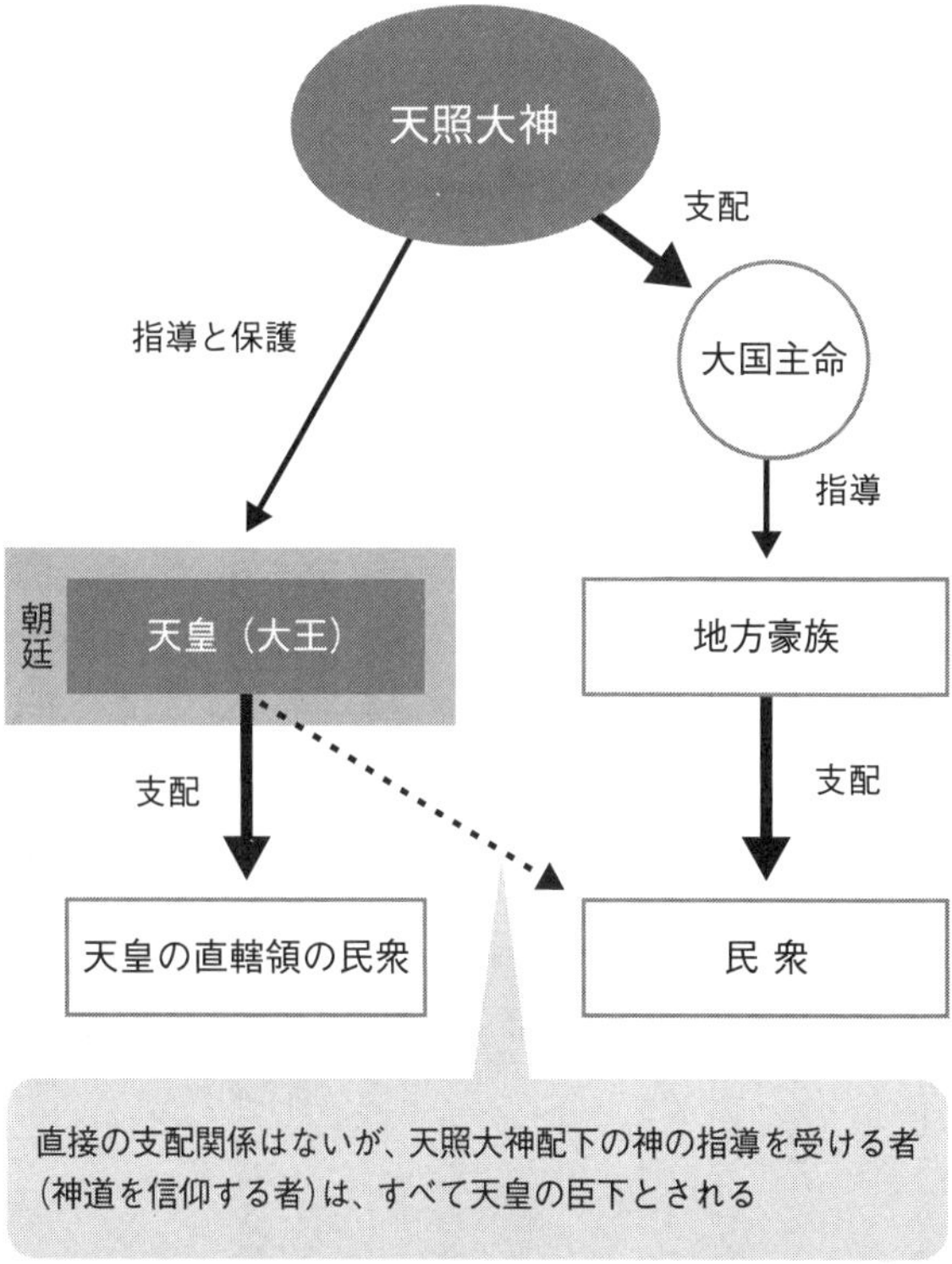

※幕府が成立したのちには、将軍は天皇から政治を委ねられた立場の人間として国政にあたった

祭る中央の王家（皇室）の下にならび立つ形がとられたのである。

荘園と新たな神社

奈良時代には大国主命を祭る地方豪族は郡司《ぐんじ》に任命されて、一つの郡を治めた。その上で中央から送られた国司が、国府《こくふ》にいて郡司を統率していた。

この時代の庶民にとって、大国主命が最も権威ある神であった。

ところが平安時代はじめに農民層が成長し、郡司の支配が急速に後退した。そのため農民たちは、一個の村落を単位とする武士という新たな指導者の下に組み込まれることになった。

村落の小領主である武士の中から、自分の領地を貴族、大寺社の荘園にする者も出た。かれらは郡司と国府を介さずに、中央と結びつく形になったのだ。そういった武士は、自分が治める村落に、荘園の名目的領主が祭る神社の分社を作ることが多かった。

藤原氏の荘園に春日神社、比叡山の荘園に比叡山と縁の深い日吉《ひえ》神社が建てられた

図20　村落単位で自立する神社

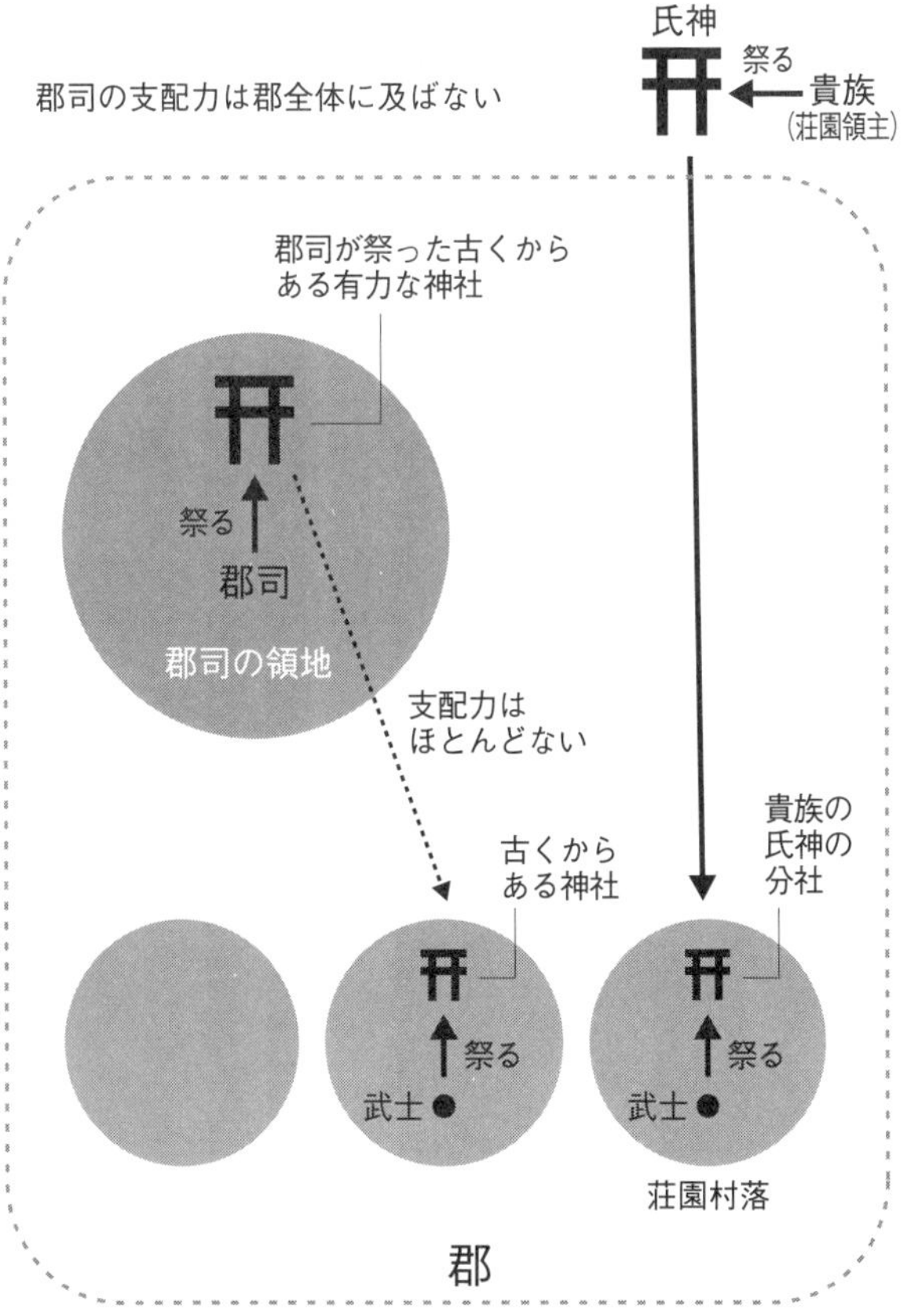

のだ。このような荘園の守り神とされた神社が、のちに氏神となった。まれには荘園にならない村落で古くから祭られた大国主命などの国神《くにつかみ》を祭る神社が、そのまま氏神となることもあった。

ここに述べたような大国主命の権威の後退は、福の神信仰の前提となるものであった。

59 平安時代末から広がり始めた恵比寿信仰と大黒天信仰

西宮神社と比叡山

福の神信仰の起源を辿っていくと、大黒天信仰と恵比寿様信仰の広まりが、最も古いことがわかってくる。大黒天信仰は比叡山から広まり、のちに大国主命信仰と神仏習合した。恵比寿信仰の起こりは、西宮神社にある。

事代主命を祭る神社もあったが、それらが恵比寿信仰を取り入れるのはのちのことである。

比叡山を開いた最澄が大黒天を祭っていた（191ページ参照）が、比叡山における大黒天の地位は低かった。

大黒天は、最澄が開いた比叡山延暦寺の本尊である薬師如来より格下の天部の仏である。氏神に相当する比叡山の土地を治める神様は、日吉大社の祭神である大山咋《おおやまくいの》神《かみ》であった。

氏神と異なる性格を持つ恵比寿様

西宮神社の祭神である蛭子命は、西宮の漁民が土地の守り神として祭ったものであった。しかし前（40ページ参照）に述べたように西宮神社は、広田神社という有力な神社の摂社とされていた。

そうすると形の上では、西宮の漁民の集団の氏神は広田神社の祭神である天照大神の荒魂であることになる。蛭子命は、

「西宮の漁民の氏神ではないが、漁民たちに氏神のような土地の守り神として慕われた神様」

と評価される神である。しかし一つの地域の住民と氏神との繋がりとは異なる形の大黒天信仰や恵比寿信仰が、平安時代からじわじわと広がっていった。大黒天は台所の守り神として幾つもの寺院で祭られ、恵比寿様は西宮以外の人びとからも航海安全の神として信仰されたのである。

60 室町時代の狂言で福の神信仰が広まる

福の神の狂言

鎌倉時代から室町時代にかけての商業の発展の中で、福の神信仰がつくられていった。この時代の商人の多くは、不安定な生活を送っていた。船で長距離の移動をして商品を運ぶ者は、台風で船が沈めば無一文になる。

未知の土地を行商して歩く者は、山賊や乱暴な武士に商品や命を狙われるかもしれない。そこで商人たちは、さまざまな神様に神頼みをした。

前（16ページ参照）にも述べたように、室町時代の庶民の生活に題材をとった狂言に、福の神を扱ったものが幾つもある。『福の神』、『毘沙門』、『夷大黒』、『連歌毘沙門』、『大黒連歌』、『福部《ふくべ》の神《しん》』は、福の神をシテと呼ばれる主役にした作品である。

　このような福の神の狂言の盛行から、能や狂言の作者が活躍した室町時代の京都で、福の神の人気が高かったありさまがわかる。狂言の観客は、福の神を演じる狂言師を見るだけで福を授けられたような気分になったのであろう。

福の神に扮《ふん》する人びと

　福の神を扱った狂言が流行する中で、狂言師の扮装をまねる者も現われた。かれらは仲間うちの集まりの席で、福の神を演じてその場の人びとに福を分け与えようとしたのであろう。

　伏見宮貞成親王《ふしみのみやさだふさ》が『看聞御記《かんもんぎょき》』という日記を残しているが、その中に興味深い記事がある。室町時代なかばにあたる応永《おうえい》二七年（一四二〇）一月十五日に、伏見の村々から布袋尊、大黒天、恵比寿様、毘沙門天などに仮装した農民が領主の御機嫌取りに伏見宮を訪れたというのである。

時代は少し後のものになるが安土桃山時代の『花下遊楽図《かかゆうらくず》』という絵に、恵比寿様と大黒天の仮装をした者が描かれている。この絵は満開の桜の下で、踊りを楽しむ人びとの円陣などを題材としたものである。花を賞《め》でる人びとの歌声や楽器の音が聞こえてくるような、楽しい絵柄である。このような福の神の狂言や仮装を通して、福の神は人びとの身近な神となっていったのである。

61 江戸時代なかばに福の神が現在の構成になる

七難即滅七福即生

前に七福神が、中国の竹林の七賢にならってつくられたとする考えを記した（20ページ参照）。しかしこの他に、「七難即滅、七福即生」という仏教用語によって七福神が選ばれたとするみかたもある。

七難にはさまざまなものがあるが、室町時代の日本では次のものが最もよく知られていた。

図21　七福神と七福

寿老人	大黒天	福禄寿	恵比寿様	弁財天	毘沙門天	布袋尊
寿命	有福	人望	清廉	愛敬	威光	大量

「①火難、②水難、③風難、④羅刹《らせつ》（悪霊）難、⑤刀杖《とうじょう》（武器）難、⑥枷鎖《かさ》（投獄）難、⑦怨賊《おんぞく》（強盗）難」

めったにないことだが、いったん遭遇してしまえば身を亡《ほろ》ぼすほどの災厄が七難である。

これに対する七福は、このようなものである。

「寿命《じゅみょう》、有福《ゆうふく》、人望《じんぼう》、清廉《せいれん》、愛敬《あいきょう》、威《い》光《こう》、大量《たいりょう》（度量が広い大人物であること）」

七福神の功徳を称《たた》える、『七福神《しちふくじん》和讃《わさん》』というものがある。これは民衆が七福神を祭る時に唱えたものであるが、その中に次の句がある。

「そも七福とは、何々《なになに》ぞ　寿命、有福、人望に。清廉、愛敬、威光、大量」

寿老人《じゅろうじん》は寿命、大黒天《だいこくてん》は有福、福禄寿《ふくろくじゅ》は人望、恵比寿《えびす》様は清廉、弁財天《べんざいてん》は愛敬、毘《び》沙門天《しゃもんてん》は威光、布袋尊《ほていそん》は大量を授ける神とされたのである。つまり人びとが七福神にあやかって、さまざまな徳の備わった人間になりたいと考えたのだ。

福の神信仰が高まる中で、福の神を信仰する者は七難を受けずに、七福を授けられると言われるようになっていったのである。

七福を一つずつ担当する七福神

前（23ページ参照）に記したように室町時代から江戸時代はじめの絵には、幾つかの顔ぶれの七福神が描かれていた。大黒天と恵比寿様は欠かせないが、その他は自分が好む福の神を描けばよいとも考えられたのであろう。

しかし江戸時代はじめから、七福神の顔ぶれが固定した。これは、政僧として徳川家康に仕えた僧天海《てんかい》（一五三六？—一六四三）が、七福の徳をあげてそれに対応する福の神を一柱ずつ選んだこと（213ページ参照）によるものである。

江戸時代以前には寿老人は寿命を、大黒天は有福を与える（179ページ参照）といった形で、七福神のそれぞれの御利益が定まっていた。福の神信仰が広まり始めた室町時代末には、福の神として恵比寿様と大黒天を特に重んじる発想もあった。

しかし江戸時代に入ると、

「七福神は七つの福を一つずつ受け持つ、互いに対等の神様である」

とする評価が主流になっていった。

62 京都の七福神信仰は毘沙門天を重んじる形をとる

福の神を巡る

室町時代に七福神をまとめて描いた絵が出現したが、個々の福の神信仰は各々が独自の発展をみせたものである。大黒天と恵比寿様をまとめて祭る習俗はあった（59ページ参照）が、それが福の神としての弁財天信仰や毘沙門天信仰と結びつくことはなかったのだ。

七福神を巡拝する七福神巡りの習俗は、江戸時代なかばすぎに作られたものである。もっとも恵方参りの習俗が広まる中で、年のはじめに複数の福の神に参拝する者はいた。しかし江戸時代に入っても七つの福の神は絵の題材と考えられていて、七福神の絵の七柱の福の神をまとめて信仰する発想は生まれなかった。

京都の毘沙門天信仰

延宝《えんぽう》四年（一六七六）頃のものとされる黒川道祐《くろかわどうゆう》の『日次記事《ひなめしきじ》』という随筆に、京都の正月のありさまを記した次のような文章が見える。

「元旦の暁に、街頭で弱恵比寿《わかえびす》と毘沙門天のお札を買えば、その年は福を得られると信じられている」

江戸時代の京都では、毘沙門天の人気が高かった。鞍馬の毘沙門天（114ページ参照）は、正月に三種類の縁起物を参詣者に授け、多くの人を集めていた。京都の市中に住む人が山を登って鞍馬の毘沙門天に詣でた後に、帰り道の幾つかの福の神に参ることもあったろう。

これが京都の七福神巡りの習俗に繋がると思われるが、現在の京都七福神と都七福神は、鞍馬山に登らずに市中の毘沙門天に参る形をとっている。

63 最初にできた七福神巡りは谷中《やなか》七福神

江戸で起こった七福神巡り

平安時代末に、観世音菩薩の霊場を巡拝する習俗が起こった。このあと、寺院を巡るさまざまな形の巡拝がつくられていった。

しかし神社を巡拝する習俗は、新しい。これは主要な神社が氏神として、一つの土地の守り神として自立していたためである。江戸時代のなかば過ぎになってはじめて、氏神によって区分された土地の区分から自由な七福神を巡る発想が出てきたのである。

京都七福神巡りが日本最古のものだとする説もある。しかし七福神巡りは古い伝統からより自由であった江戸で始まり、そこから大坂、京都に広がったものと考えるのがよい。

七福神巡りを始めたのは誰かわからないが、まず七福神の絵を描くのを好んだ知識人が、絵の題材にした神々を巡ったのではあるまいか。そして絵を好んだ知識人の話を聞いた商人がまねをするようになったのであろう。

谷中の七福神

江戸時代の谷中《やなか》のあたりは寺町で、忍《しのぶ》ヶ岡《おか》と呼ばれる上野台地から道灌山《どうかんやま》に続く丘陵地の西端の景勝地であった。現在はそのあたりに高層の建物がふえたが、戦災を受けなかった谷中のあちこちに昔の東京の風景が残っている。

上野の山に江戸幕府の菩提寺である寛永寺《かんえいじ》が建てられたが、この寛永寺の堂宇の一つに不忍池《しのばずのいけ》の弁天島《べんてんじま》に置かれた弁天堂《べんてんどう》がある。この弁天堂は備中《びっちゅうの》国《くに》松山藩主の水《みず》谷勝隆《のやかつたか》が寛永寺建設に協力した時に、弁天島を琵琶湖の竹生島（98ページ参照）に見たててつくったものだ。

四季おりおりの美しい景色を見せる不忍池にある弁天堂は、福の神として江戸の町人の人気を集めた。この弁天堂を出発点にして、谷中七福神がつくられた。弁天堂に近い他の六柱の福の神を祭る寺院が、選ばれたのだ。谷中七福神には、神社が無い。この七福神巡りでは、恵比寿神社ではなく、青雲寺の境内の恵比寿堂に参る形がとられる。享和《きょうわ》年間（一八〇一—〇四年）の江戸の様子を記した『享和雑記《きょうわざつき》』という随筆に、谷中七福神に関する次のような記事がある。

「近ごろ正月はじめの七福神巡りが始まった。多くの人が不忍の弁才天をはじめとする七か所の寺院を巡る。福の神巡りをする者の数は、年々ふえ続けている」

この記事によって、一八世紀のごく末か一九世紀はじめに谷中七福神巡りが始まったことがわかる。

本章では七福神の大ざっぱな歴史を記したが、次章では七福神に関連した歴史上の人物についてみていこう。

第十章

歴史上の人物と七福神

64 聖徳太子と毘沙門天

四天王の呪力で廃仏派を討つ

最初に七福神を信仰した日本史上の有名人は、聖徳太子であるといって、かまわないであろう。聖徳太子は古代日本の文化に急速な発展をもたらした日本人の恩人と評価できる人物である。仏教徒の多くが、太子を日本仏教の開祖としている。

飛鳥時代の開始期に、朝鮮半島の百済《くだら》という小国から仏教が伝わった。これを五三八年のこととする記録と、五五二年のものとする文献がある。しかし仏教は朝廷の一部の者に受け入れられただけで、物部守屋《もののべのもりや》のように仏教を憎んで寺院に火をかけて焼く者もいた。

崇峻《すしゅん》元年（五八七）に聖徳太子は蘇我馬子《そがのうまこ》らと共に、物部守屋の本拠地の衣摺《きぬすり》を攻めた。物部守屋の激しい抵抗にあって味方が苦戦した時に、聖徳太子は勝軍木《ぬるで》の木で四天王《してんのう》（114ページ参照）の像を刻んで戦勝を祈った。

図22　物部守屋攻撃軍の進路と蘇我氏・物部氏の勢力圏

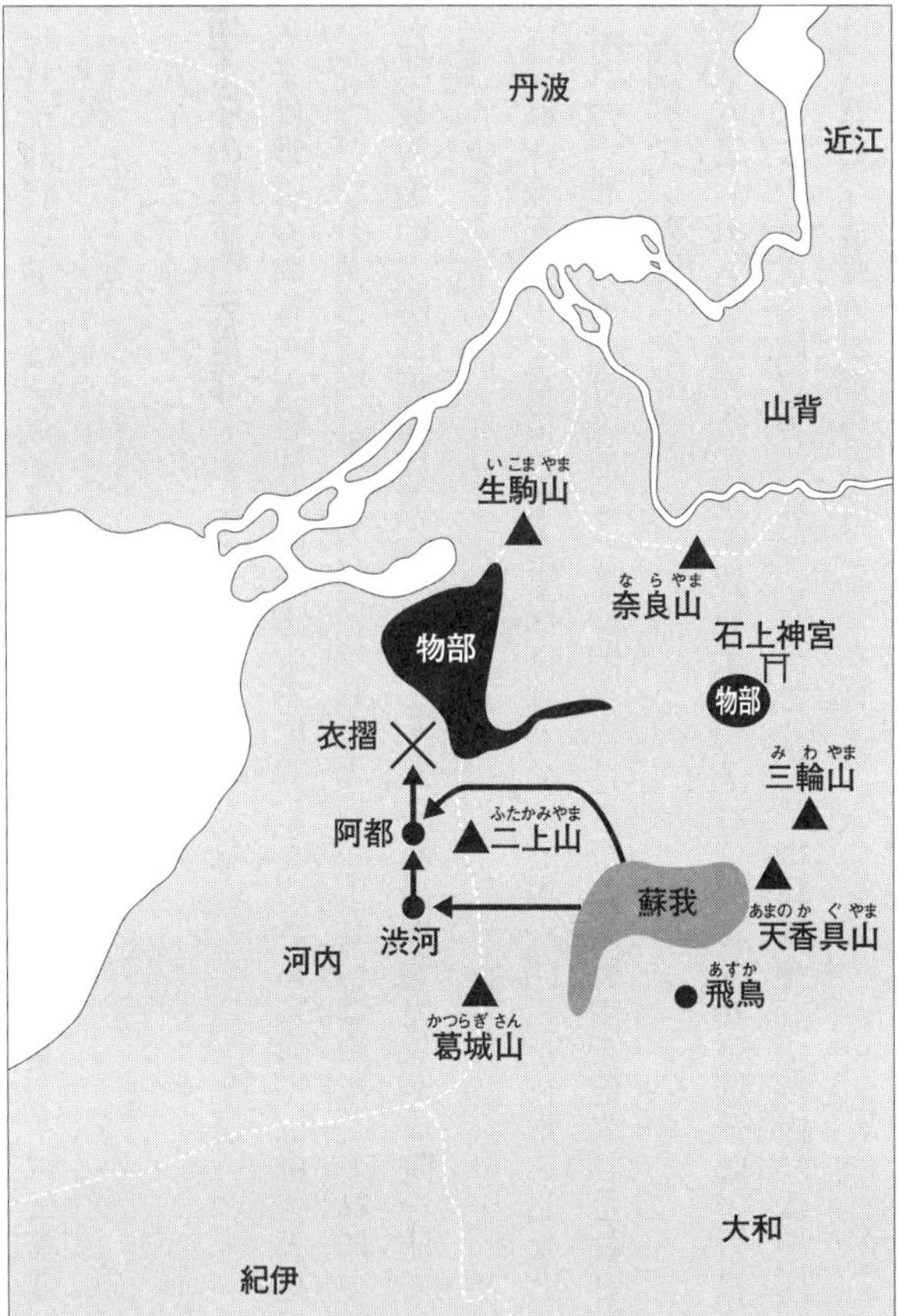

これを見た蘇我馬子らは元気を盛り返し、物部氏を攻め滅ぼしたと、『日本書紀』は記している。

聖徳太子の毘沙門天信仰

聖徳太子は戦勝のお礼に、難波に四天王寺《してんのうじ》を建立した。さらに太子は推古《すいこ》天皇の摂《せっ》政《しょう》になった時（五九三）に、推古天皇に仏教を広めるように勧めた。それによって出された仏教興隆の詔《みことのり》（天皇の命令）に従って、多くの有力豪族が寺院を建てたと『日本書紀』にある。

聖徳太子は四天王の中で特にさまざまな御利益のある毘沙門天を、重んじたとみられる。それは太子が四天王寺の他に、毘沙門天だけを祭る信貴山を建立したことからわかる（115ページ参照）。

飛鳥時代に最も人気があった仏が釈迦如来で、それに次ぐのが弥勒菩薩と観世音菩薩であった。この時代には自分の願いを叶えてくれる御利益をもつ多様な仏を拝む信仰はなく、有力な仏だけが祭られた。

そういった中で聖徳太子は、格の低い天部の仏である四天王を祭った。太子は、中国で四天王が仏法を守る武神とされたことを理解していたのである。

つよい国家統制がなされた奈良時代の仏教のもとでは、七福神につらなる信仰の発展はみられない。七福神となる仏は、個人の願望を叶える密教呪術を行なう天台宗と真言宗が出てきた時に、ようやく注目されるようになる。

65 天台宗の開祖最澄、真言宗の開祖空海と大黒天

日本に大黒天信仰を持ち込んだ最澄

前（80ページ参照）に述べたように、日本に大黒天信仰を持ち込んだのは日本の天台宗の開祖である最澄だと言われている。最澄は平安時代はじめに中国の唐朝に留学して中国の天台宗を学んだ。かれの時代の中国の多くの寺院の食堂には、大黒天が祭られていた。

『叡岳要記《えいがくようき》』という比叡山の記録に、「比叡山の大炊《おおい》屋に、最澄が作った大黒天像一

体が安置されて寺の守護神とされていた」と記されている。大炊屋は、食物を調理する建物である。

大炊屋の大黒天像は、三面六臂《さんめんろっぴ》（三つの顔で六本の腕を持つ）の大黒天であったという伝えもある。それは中央の顔が大黒天、右面の顔が毘沙門天、左面の顔は弁財天であったという。この伝えを信じるなら、最澄の時にすでに、七福神の中のインド生まれの三柱の神が祭られていたことになる。

最澄は中国で財運の仏とされる三つの仏を合わせた像を祭って、比叡山の僧侶たちが食物に事欠くことのないように願ったのであろうか。

空海の大黒天信仰

最澄の弟子で延暦寺の別当《べっとう》（寺院運営の最高責任者）を務めた光定《こうじょう》（七七九―八五八）という比叡山の有力な僧侶も、熱心に大黒天を信仰した。そのため最澄と光定の影響によって比叡山に大黒天信仰が広まり、やがて比叡山を本山とする天台宗のあらゆる寺院で大黒天が祭られるようになった。

真言宗を開いた空海も、大黒天を信仰していた。空海作と伝えられる大きな袋を背負った大黒天像が、真言宗のいくつかの寺院に伝わっている。同じ遣唐使（八〇四年）に従って中国に渡った最澄と空海がともに、唐代の寺院で流行していた大黒天信仰の影響を強く受けたのであろう。

真言宗には、「大国主命の本地《ほんち》（本体となる仏）を大黒天としたのは空海である」という伝説がある。しかし神仏習合が盛んになるのは平安時代なかばであるから、この話は後世に創作されたものと考えるのがよい。

66 坂上田村麻呂《さかのうえのたむらまろ》の東北遠征と毘沙門天

坂上田村麻呂と阿弖流為《あてるい》

坂上田村麻呂は、最澄、空海とほぼ同じ時代に活躍した政治家、軍人である。奈良時代の朝廷の陸奥《むつ》、出羽《でわ》二国（東北地方）に対する支配は、きわめて不安定であった。何かあるたびに、「蝦夷《えみし》」と呼ばれていた東北地方の地方豪族が、武力で国司に反抗したためである。

奈良時代末に、蝦夷の阿弖流為《あてるい》という有力な指導者が出た。この阿弖流為の反乱（七八九年）が起こったあと、朝廷の軍勢は何度も阿弖流為に敗れた。

そのため朝廷は優れた武将として知られた坂上田村麻呂を征夷大将軍《せいいたいしょうぐん》に任命して、陸奥に送った（八〇一年）。田村麻呂は毘沙門天を武神として信仰していたが、仏の慈悲の心で東北地方の人びとを従えようと考えた。

田村麻呂は、任地で農地を開発して人びとの生活を安定させる政策をとった。すると阿弖流為に従って朝廷に反抗してきた蝦夷の人びとが、すすんで阿弖流為のもとを離れ、国司の統治を受け入れて穏和な農民となった。そのため、さすがの阿弖流為も一度も戦うことなく田村麻呂に降伏した。

達谷窟《たっこくのいわや》の毘沙門堂《びしゃもんどう》

岩手県平泉町《ひらいずみ》に、坂上田村麻呂が開いたといわれる達谷窟《たっこくのいわや》毘沙門堂《びしゃもんどう》がある。そこは岩窟の前面に設けられた二十五体の毘沙門天を安置する寺院で、この建物のつく

図23　達谷窟とその周辺

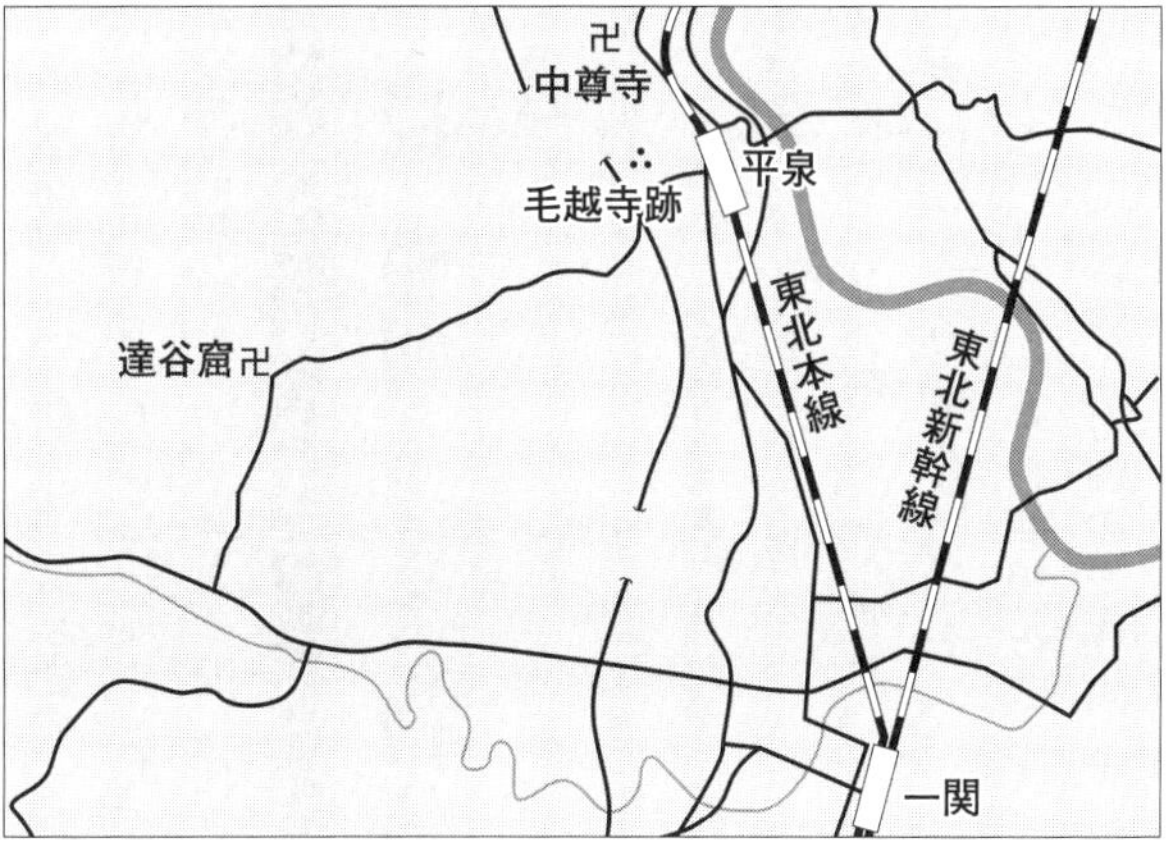

りは、京都の清水寺《きよみずでら》の舞台に似ている。

達谷窟は、中尊寺《ちゅうそんじ》などのある奥州《おうしゅう》藤原氏の本拠である平泉から二キロメートルほど南西に行った地にあるが、達谷窟は平泉の町が作られる以前に開かれたものだ。

達谷窟にまつわる、次のような伝説がある。

「悪路王《あくろおう》、高丸《たかまる》らの蝦夷が達谷窟の洞窟を根城に人びとを苦しめるので、坂上田村麻呂が天皇の命令で京都から来てかれらを討った。そのあと田村麻呂は戦勝を感謝して、京都の清水寺の舞台をまねた寺院を作って毘沙門天を祭った」

ここの悪路王は、阿弖流為をさす。阿弖流為が窟に籠城したという話は、後世に作られたものである。しかし寺院の建物が類似することからみて、達谷窟と坂上田村麻呂が京都に起こした清水寺との間に何らかの関係があるのは確かである。

67 源《みなもとのよりとも》頼朝を支えた僧文覚と弁財天

源頼朝

前（102ページ参照）も記したように、弁財天を祭る江島神社は僧文覚によって開かれた。文覚のことはあまり知られていないが、かれは源平争乱の陰で歴史を動かすきっかけを作った政僧である。

文覚は大そうな知恵者で、真言宗の密教呪術に通じていたと伝えられる。『吾妻鏡《あずまかがみ》』という鎌倉幕府の公式の記録に、「文覚が寿永《じゅえい》元年（一一八二）に源頼朝の開運を祈って江の島の岩屋で弁財天を祭った」と記されている。この時は源平争乱の最中で、東の源氏と西の平氏が、中部地方西端あたりを境に睨《にら》み合っていた時期であった。

源頼朝に挙兵を勧めた文覚

次に記すようないきさつで、文覚と源頼朝との結びつきがつくられた。文覚は嵯峨《さが》源氏（嵯峨天皇の子孫の源氏）の流れをひく渡辺一族の武士であった。かれは出家したあと、荒廃していた真言宗神護寺《じんごじ》（京都市）の再興を志した。

ところが文覚は、強引に寄附を集めたことを後白河法皇《ごしらかわほうおう》に憎まれて、承安《じょうあん》三年（一一七三）に伊豆に流された。この時の伊豆に、平治の乱《へいじのらん》（一一五九年）で平氏に敗れて流罪になった源頼朝がいた。

伊豆に送られた文覚は後白河法皇を支えていた平氏を憎み、源頼朝に平氏打倒の挙兵を勧めた。嵯峨源氏の私より良い血筋である清和《せいわ》源氏嫡流の頼朝が立てば、全国の源氏がそれに従うと説いたのだ。

この時文覚は、誰のものかわからない髑髏《どくろ》（頭蓋骨）を頼朝のもとに持参してこう言ったと伝えられる。

「これは平治の乱で敗れて命を落としたあなたの父君、源義朝《よしとも》の骨である。平氏を倒して父君の仇討ちをされて、この髑髏を供養してください。私も力の限りお手伝いします」

頼朝は文覚のような優れた僧侶がさまざまな呪術を用いて自分を助けてくれることを、頼もしく感じた。頼朝はその七年後（一一八〇年）に打倒平氏の軍をおこし、さらにその五年後（一一八五年）に壇ノ浦《だんのうら》（下関市《しものせき》）で平氏を滅ぼした。

源氏が勝利したあと、文覚は念願であった神護寺を再建し、さらに空海ゆかりの東寺《とうじ》、西寺《さいじ》などの再興を実現した。

68 源頼朝の舅、北条時政《ほうじょうときまさ》の家紋と弁財天

源頼朝の挙兵と北条時政

挙兵（一一八〇年）の時点の源頼朝の最も頼もしい味方が、北条時政《ときまさ》であった。時政は在庁官人《ざいちょうかんじん》（中級の役人）として伊豆の国府に仕える有力な武士であった。

時政は平氏に命じられて、頼朝を見張る役目を務めていた。しかし時政の娘の北条政子《まさこ》が頼朝と恋仲になったため、時政は娘と頼朝との結婚を認めて源氏方についた。

時政は反平氏の立場をとる源氏方の若い武士が頼朝のもとを訪れるのを黙認し、頼朝に新たな源氏の軍団を組織させた。この頼朝の親衛隊が、挙兵の時の源氏方の主力となった。

北条時政と弁財天

北条時政は、弁財天をあつく信仰したことでも知られる。『太平記』に、次のような話がある。

「鎌倉幕府が作られて間もない頃、時政は子孫繁栄を願い、江の島の岩屋に二十一日の参籠《さんろう》を行なった。そうしたところ二十一日目の満願の日に美しい女性が現われ、時政にこう告げて珠《たま》を授けた。

『汝の前世の善根《ぜんこん》によって、汝の子孫が国を治めることになろう』

不思議な女性が去った後には、三枚の鱗《うろこ》が落ちていた。それによって時政は、先ほどの女性が時によって蛇の姿をとる弁財天であったことを悟《さと》った」

このあと北条家は、代々鎌倉幕府の執権《しっけん》（将軍の補佐役）として国政を動かした。北条家はこのあと弁財天が神託を下したことに因んで、三枚の鱗を描いた三つ鱗の家紋にしていた。

69 日蓮《にちれん》の大黒天信仰と日蓮宗寺院の大黒天

日蓮の大黒天信仰

日蓮は安房国《あわのくに》の漁村の、庶民の子として生まれた。かれは学問の道を志して出家し、天台宗の総本山である比叡山などで学んだ。

日蓮の学才は高く評価されたが、かれは権力者にへつらう比叡山の僧侶の生き方を苦々しく思った。そのため日蓮は天台宗を離れ、庶民を救うための新たな宗派を起こした。

この宗派が、日蓮宗である。人びとが支え合うことによってより良い社会を築いて

図24　北条家の三つ鱗紋

いこうと説く日蓮宗の教えは、ある意味で現代的である。

しかし日蓮は有力者に寄進を求めるだけの既成の仏教や、庶民の生活を考えずに贅沢《ぜいたく》を貪る一部の権力者を厳しく批判して鎌倉幕府を怒らせた。そのため日蓮は鎌倉幕府の弾圧にあって、一度目は伊《い》豆《ず》に、二度目は佐渡《さど》に流罪にされた。

日蓮が心の支えとしたものの一つが、大黒天であった。日蓮自らが大黒天像を作り、それを拝んでいたと伝えられる。

日蓮宗と大黒天

現在の七福神巡りで大黒天にお参りす

る時に、日蓮宗の寺院に参詣することが多い。これは日蓮宗寺院の多くが、本尊の他に大黒天を祭っていることによるものである。

日蓮の大黒天信仰にならって、日蓮宗の寺院が大黒天を重んじるようになったのである。大黒天は、比叡山で台所を守る仏として祭られていた。これを見た日蓮は、大黒天を庶民を救う仏と考えたのではあるまいか。

食物は、人間が生きるために最も大切なものである。日蓮宗は自立した庶民が助け合う世界を理想としたが、食物を十分に得られなければ人間は自立できない。

日蓮が活躍した鎌倉時代末は、まだ自立できない庶民が多かった。かれらは村落の小領主である武士の指導に従って農業を営み、食料を得ていた。

鎌倉時代末から室町時代にかけて、領主である武士の支配から自立した生活をとる商工民のめざましい成長がみられた。その動きの中で、商工民の間に庶民の自立を説く日蓮宗が広まっていったのである。

70 南北朝時代の武将、楠木正成《くすのきまさしげ》と四天王寺と毘沙門天

幼名を多聞丸といった楠木正成

楠木正成《くすのきまさしげ》は『太平記』などで南朝の忠臣として描かれ、悲劇の英雄とされた武士である。正成を祭る湊川《みなとがわ》神社は、神戸市で最も良く知られた神社であり、神戸名物に楠家の菊水《きくすい》の家紋の文様を描いた瓦煎餅《かわらせんべい》がある。

しかし正成の実像は、あまり明らかではない。『太平記』に、次のような記事が見える。

「正成の母が信貴山（115ページ参照）の毘沙門堂に子授けを願ったところ、男の子が生まれた。そのため両親はその子供を、毘沙門天の別名である多聞天に因む多聞丸《たもんまる》と名付けた。成長して楠木正成となった多聞丸は、毘沙門天の助けを受けて多くの戦功をたてた」

楠木正成と四天王寺

楠木正成の父である楠木正遠《まさとお》は、河内国赤坂《かわちのくにあかさか》を本拠とする中流の武士であった。父の後を嗣《つ》いだ正成は後醍醐《ごだいご》天皇の招きを受けて、鎌倉幕府打倒の軍に加わった。鎌倉幕府は倒れたが、後醍醐天皇が親政《しんせい》（天皇自ら政治を行なうこと）を始めてまもなく、足利尊氏《たかうじ》が各地の有力な武士を組織して天皇に背いた。そのため正成は、負ける戦《いくさ》と知りながら足利方の大軍の京都入りを阻止するために湊川に赴いて、勇ましく戦って戦死した。

このような楠木正成は、商工民を束ねる武士だったのではないかといわれる。彼は領地経営に主力を置く北条家、足利家やその配下の武士と、異なる立場にあった。

楠木正成の時代に四天王寺の門前町である天王寺《てんのうじ》は、京都と瀬戸内海沿岸、紀伊《きい》半《はん》島《とう》との間の交易の、重要な拠点の一つになっていた。

楠木家の軍勢は、しばしば赤坂から天王寺方面に出兵している。このことから、楠木家は正成以前から日常的に天王寺の商人たちと取引していたことが推測できる。楠木家は天王寺との交流の中で、毘沙門天信仰をとるようになったのであろう。

71 室町幕府の八代将軍足利義政《あしかがよしまさ》が愛した福禄寿

足利家と福の神

室町時代に福の神信仰が広まった理由の一つに、商工民に対する室町幕府の姿勢がある。国政を動かしていた室町幕府の足利家が氏神を重んじる古い形の神道にこだわらなかったのである。

足利家は山城国一国の守護大名にすぎず、その収入のかなりの部分を土倉《どそう》役《やく》、酒屋《さかや》役《やく》などの商工民からの租税にたよっていた。鎌倉時代に農村の武士であった足利家が、京都に移ったのちに都市に基盤を置く武士に転換したのである。

足利尊氏は厳島神社を金儲けを実現する福の神である弁財天として信仰し、そこに領地を寄進している。尊氏をはじめとする足利家の多くの将軍たちは金銭を求め、それを遣って贅沢にふけったのである。

富の他に長寿を望む

瑞渓周鳳《ずいけいしゅうほう》という禅僧の『臥雲日件録《がうんにっけんろく》』という日記に次のようなことが書かれている。三代将軍足利義満《よしみつ》が、京都の有力な禅僧たちに福禄寿像を贈ったというのである。

金閣寺《きんかくじ》を建てたことで知られる義満は、日明貿易の利益で贅沢に過ごしていた。かれはそれだけでは満足せずに、福禄寿に長寿を願い、禅僧に福禄寿を祭らせた。

八代将軍足利義政《よしまさ》は銀閣寺《ぎんかくじ》を建てた人物であるが、『蔭涼軒日録《いんようけんにちろく》』（114ページ参照）の文明《ぶんめい》一七年（一四八五）五月九日の箇所に次のようなことが記されている。

「前将軍足利義政の依頼で、寿牌《じゅはい》（生前に作る位牌）に文章を書いたところ、前将軍はその中にある『福禄寿星』の文字を大いに気に入られた」

義政は位牌に「福禄寿」と書くことが長寿をもたらすと考えたのだ。このような長寿を求める福禄寿信仰の広まりが、七福神成立に繫がる一つの要素となったのであろう。

72 毘沙門天の旗印を掲げた上杉謙信《うえすぎけんしん》

武芸の神の信仰の広がり

平安時代なかば頃までの神様の大部分は、農耕神で土地の守り神である氏神として信仰された。ところが平安時代に武士の勢力が拡大するとさまざまな武芸の神がもてはやされるようになった。

その代表的なものは、鎌倉の鶴岡八幡宮《つるがおかはちまんぐう》である。そこは、源頼義《よりよし》が康平《こうへい》六年（一〇六三）に起こしたものと伝えられる。頼義は源頼朝の五代前の先祖（曾祖父の祖父）である。

源頼朝が鎌倉政権をひらいた後に、鶴岡八幡宮は幕府の守り神、土地の守り神とされた。この神は武芸の神であると共に、幕府の治める農地を守り、鎌倉の町の経済を発展させる神様であるといわれた。このような源氏の八幡信仰の影響で、各地の武士がひろく八幡神を祭るようになった。

本来は信濃国《しなののくに》の諏訪盆地の土地の守り神で諏訪家の氏神であった諏訪大社も、武芸の神と考えられ、武士に信仰された。そのため、東国に多くの諏訪大社の分社が作られた。

四天王は戦勝をもたらす仏とされていた（109ページ参照）。仏として格の低い四天王の信仰はそれほど広まらなかったが、上杉謙信だけは、熱心に毘沙門天を信仰した。

上杉謙信と仏教

上杉謙信は自らを毘沙門天の化身と称えた。かれは「毘」の一字だけを描いた旗印を掲げて、戦場に出た。謙信は正当な主張を持つ側、弱い側のみかたに付くことが多く、自分の戦いを仏の慈悲を実現するための戦いと称した。かれは武力で他人の先祖伝来の領地を奪った武田信玄《たけだしんげん》と北条氏康《うじやす》を悪人と考えて、彼らと何度も戦った。

謙信は長尾虎千代《ながおとらちよ》といった子供の頃に、長尾家の菩提寺である春日山の林泉寺《りんせんじ》（上越市《じょうえつし》）の僧天室光育《てんしつこういく》に預けられていた。この時期に謙信は、仏教に強く魅《ひ》かれたらしい。謙信は和歌に巧みで、書に長じていた。このような謙信の教養は、子供の時に林泉寺で身に付けたものであろう。

京都では福の神としての毘沙門天信仰が広がっていたが、上杉謙信は毘沙門天を勧善懲悪の仏と考えて、その教えに従って生きようとしたのである。

73 弁財天の化身と称し、黄金を愛した豊臣秀吉

豊臣秀吉の福の神信仰

下級武士もしくは中流農民と呼ぶべき身分から天下人に成り上がった豊臣秀吉は、黄金を愛した。かれは異様なまでに金儲けに執着し、豪商を使って貿易や大規模な国内の交易を行なって多くの利益を上げた。

秀吉は自分が持つ黄金をお気に入りの諸大名や家臣に気前よく分け与えた。そのため「太閤の金配り《かねくば》」などといった言葉が作られた。

上杉謙信が毘沙門天の化身と称したのに対して、秀吉は弁財天の化身と公言してい

た。

弁財天に学ぶ経済政策

豊臣秀吉は厳島神社を、福の神である弁財天としてあつく信奉した。前（205ページ参照）にあげた足利尊氏をはじめとして、室町時代から安土桃山時代にかけての京都の有力者が厳島神社を信仰した例は多い。

かれらは厳島神社を、まず瀬戸内海航路の守り神としてみていた。足利氏は天竜《てんりゅう》寺《じ》船《ぶね》を派遣して中国の元《げん》朝との貿易を行ない巨利を得た。

この例からわかるように、厳島神社の後援者の多くは、海路による貿易や国内の交易を求める人びとであった。豊臣秀吉は、瀬戸内海航路の終点にあたる大坂に本拠を置き、貿易の振興に力を入れた。

しかし国内の経済発展が不十分な時期に秀吉のような積極策をとると、大名、豪商といった一部の権力者だけが富を独占することになってしまう。秀吉の福の神信仰は自分のためのものであったが、次項、次々項に記すように徳川家康は国民の生活の向上を願って七福神を祭った。

74 七福神の呪力を求めた怪僧天海

徳川家康と天海

江戸時代の江戸の町のあちこちで、七福神が祭られていた。これは徳川家康が七福神を好み、七福神に関わる社寺を保護したことにもとづくものである。家康に七福神信仰を勧めたのは、家康の側近の政僧、天海《てんかい》であった。

天海は上野の寛永寺の開祖であり、日光東照宮《にっこうとうしょうぐう》の建設を指導したことでも知られる。それと共にかれは、「黒衣《こくい》の宰相《さいしょう》」といわれた、幕府政治にあれこれ関与した人物である。

確かな記録では、天正《てんしょう》一七年（一五八九）に家康と出会い家康の師僧となったとある。これに従えば天海は五十三歳ほどの、当時としては高齢になってからはじめて家康に出会ったことになるが、それ以前の天海に関わる確かな記録が全くない。

明智光秀《あけちみつひで》が生き延びて天海になったという俗説があるが、それを信じたくなるような状況証拠が多いのである。

天海と七福神図

関ヶ原《せきがはら》合戦の時（一六〇〇年）に天海は、さまざまな策略を巡らせて徳川家康を勝利に導いた。小早川秀秋《こばやかわひであき》は天海のはたらきかけによって、豊臣家を守ろうとした石田《いしだ》三成《みつなり》を裏切って徳川方についた。

天海が明智光秀だったならば、この時豊臣家への遺恨をはらしたことになる。

江戸時代には、「天海の創意で七福神がつくられた」とする伝えが広く信じられていた。

天海の勧めによって、家康は狩野探幽《たんゆう》に宝船に乗った七福神の絵を描かせた。このあと幕府の御用絵師である狩野派の人びとが七福神図を幾つも描いた。

このことをきっかけに江戸の絵師の間に七福神図が広まり、町人が七福神図を好むようになったという。

75 徳川家康は七福神の徳を身に付けた？

七福を備えようと志した徳川家康

『残灯小話《ざんとうしょうわ》』という著者未詳の江戸時代の随筆に、徳川家康と天海との間になされた次のような問答が記されている。

「『天爵《てんしやく》（生まれながらに備わった徳）は誰もが与えられるものではない。だから私は信心によって徳を積むことが大切であると考えるが、どのように思われるか』

と家康が尋ねたところ、天海はこうお答えした。

『寿命、有福、人望、清廉、愛敬、威光、大量の徳が身に付くように、心を込めて七福神をお祭りください。寿老人を拝んで養生（健康管理）に気を配れば、寿命が得られます……（以下略、179ページの図参照）』」

天海は福の神を祭れば、富が得られるとは言っていない。かれが七福神を見習って身を慎めば七つの徳を得られると教えていることに注目しておきたい。

政治家としての心得

徳川家康は私利私欲のために、七福神を信仰したのではない。七福神の七福の多くは、国を指導する者に必要な資質であった。

布袋和尚の徳は「大量」である。政治家には相手の好き嫌いをいわずにあらゆる者の立場を理解して、相手に適切に対応する度量の大きさが必要である。

福禄寿の徳は「人望」であるが、自分勝手な行動や発言をする者は、人望を得られない。

権力を握った者は、驕《おご》り高ぶって贅沢にふけり自分勝手な振る舞いをしがちである。だから国を治める者には、恵比須の「清廉」の徳が必要になる。

徳川家康は農民の生活を安定させるさまざまな政策をとり、戦《いくさ》を無くして国内を平和にしようと努めた。歴史上の人物に対して細かい批判をすればきりが無くなるが、大筋でいけば家康は、七福神の七福の徳をもって国政に当たったと評価してよい。

前にあげた家康と天海の問答が、後世の者の創作である可能性は高い。しかしそれを記した者の家康の評価は妥当なものである。

76『好色一代男』の著者、井原西鶴《いはらさいかく》と大坂商人と福の神

『好色一代男《こうしょくいちだいおとこ》』の世界

大坂が商都として繁栄した、元禄時代（一七世紀末から一八世紀はじめ）のことである。大坂に井原西鶴《さいかく》という、浮世草紙《うきよぞうし》（大衆小説）の作者がいた。かれは、世之介《よのすけ》という者の女性遍歴を面白おかしく描いた『好色一代男《こうしょくいちだいおとこ》』を書いて、人気作家になった。

世之介をめぐる人びとが囚《とら》われたさまざまな義理、人情のしがらみの悲哀を、生きと描いたことが評判を呼んだのである。西鶴の作品には、豪商たちを主人公とした短編集、『日本永代蔵《にっぽんえいたいぐら》』もある。

その序文で、西鶴は次のように述べている。

「士農工商の外《ほか》、出家、神職に限らず、始末《しまつ》大明神の御託宣《たくせん》にまかせ、金銀を溜《たむ》べ

し。これ二親《ふたおや》の外《ほか》に、命の親なり」（原文による）

福の神の教えに従って、金を貯めよというのである。

戎祭りの鯛

『日本永代蔵』に、恵比寿様の縁起物である鯛をめぐる「見立て養子が利発《りはつ》」という次のような話がある。

商家では十月二十日の恵比寿講の日に鯛を食べて商売繁昌を願う風習があったが、ある年に鯛が品不足になって高値になった。

この時江戸の日本橋《にほんばし》のある両替商《りようがえしよう》（金融業者）が、一匹一両二分（約三十万円）で鯛を買って、夕食の時にそれを奉公人にも振る舞った。

すると伊勢出身の十四歳になる丁稚《でっち》（若い下位の奉公人）が算盤《そろばん》を取り出して計算した上で、こう言った。

『一両二分の鯛を十一切れに分けられたので、私がいただいた分を銀に換算すれば七匁《もんめ》九分八厘（約三〇グラム）の重さの銀貨（約二万七千円）に相当します。この鯛は、銀の塊《かたまり》のようなものです』

これを聞いた主人は、その丁稚の利巧さをかって養子に迎えた。そのあと養子は店を継いで三千両（六億円ほど）ほどだった養父の財産を十倍の三万両（六十億円ほど）にふやし、養父母に孝行したという。

福の神の縁起かつぎで見栄を張って高価な鯛を買う、江戸の町人の生活ぶりが伝わる興味深い話である。

77　向島百花園を作った江戸の商人、佐原鞠塢が祭った福禄寿像

佐原鞠塢と文人

前（132ページ参照）に述べた隅田川七福神巡りができるきっかけとなった、福禄寿像を祭った佐原鞠塢《きくう》について記しておこう。かれは明和《めいわ》三年（一七六六）に仙台に生まれ、幼名を平八といった。

天明年間《てんめい》（一七八一―八九）に、平八は江戸に出て、歌舞伎の江戸三座の一つである中村座《なかむらざ》の芝居茶屋に奉公して、一〇年余りそこに勤めた。

そのあとかれは北野屋平兵衛《へいべえ》と名乗り、日本橋で骨董屋《こっとうや》を営んだ。

かれは商売のかたわら、多くの文人と交流をする生活を送った。

平兵衛（鞠塢）と親しく交流をもった文化人として、歌人の加藤千蔭《かとうちかげ》、村田春海《むらたはるみ》、狂歌の作者である大田南畝《おおたなんぽ》、詩人の亀田鵬斎《かめだほうさい》らが知られる。平兵衛は隠居したあと向島に三千余坪の土地を求めて移り住み、剃髪《ていはつ》して佐原鞠塢と号した。この隠居所が現在の百花園である。

鞠塢は友人から梅の樹を求め、自分の隠居所の庭園に三百六十余種の梅を植えた。さらに萩など詩歌に詠まれたさまざまな草木も、庭のあちこちに配した。

向島百花園の繁栄

鞠塢は友人たちと協力して庭園作りを進め、それまである大名庭園とも社寺庭園とも異なる庭を完成させた。それは自然の野原の風景の中に散歩道を設けた新たな町人庭園と呼ぶべきものであった。

鞠塢の庭園は最初は、亀戸《かめいど》の梅屋敷に対して新梅屋敷と呼ばれたが、のちに百花園と名付けられた。これは、梅が百花にさきがけて咲くことに因むものである。

百花園では、しばしば詩歌などの文人の集まりが開かれた。鞠塢はここで陶芸を行ない、隅田川焼という独自の焼き物を創始した。現在は都立公園となった百花園では、土産物として隅田川焼きが売られている。この百花園の文人の交流の場で、江戸で二番目に古い隅田川七福神が作られたのである。

あとがき

七福神は、日本人に愛された神様である。天照大神のような格の高い神様ではないが、かれらは私たちの願いを気軽に叶えてくれる神様として信仰されてきた。

七福神の中には、かつてインドの神であったものや、中国の道教の神や、仏の化身とされた人物もいる。インド、中国のさまざまなものが、仏教を介して日本に入り、神仏習合の考えによって日本の神様とされたのである。

七福神をみていくと、あらゆるものを受け入れ、日本の伝統的な文化と融合していく日本人の懐《ふところ》の深さがわかってくる。

人びとが将来に不安を感じる時に、七福神信仰が盛んになるとする見方もある。現在知られる各地の七福神信仰の半数余りは、昭和五四—五七年（一九七九—八二）にかけて新たに作られたものである。

日本橋七福神、下谷《したや》七福神、池上《いけがみ》七福神、八王子《はちおうじ》七福神、伊東《いとう》温泉七福神などがそれに当たる。日本の経済成長がかげりを見せた時に、金運を願う人びとのためにいくつもの七福神巡りが作られたのである。

現在でも多くの人が、正月一日から七日までの間に七福神巡りをする。「今年こそ幸運を摑みたい」と考えて、願いをかけるのであろう。

しかし大黒天、弁財天、毘沙門天が、もともとは怖ろしい神であったことを忘れてはならない。「夢は自分の努力によって実現するものである」読者の方々にこのことを肝に銘じたうえで、徳川家康のように精進するための心の拠りどころとして七福神を信仰されることをお勧めしたい。

本書では、恵比寿様と布袋尊には敬称を付けた。福禄寿と寿老人の神名は美称であるから、そのまま用いた。ただし生前の布袋尊のことは、布袋和尚とした。また恵比寿様として祭られている蛭子命は西宮神社の用法に従って「命」の敬称を付けた。

参考文献（本書のために参照した七福神を扱ったものに限る）

岩井宏實『妖怪と絵馬と七福神』（青春出版社）
久慈力『七福神信仰の大いなる秘密』（批評社）
工藤寛正、みわ明『全国七福神めぐり』（東京堂出版）
金子和弘、佐藤達玄『七福神』（木耳社）
小島惟孝『墨田区史跡散歩』（学生社）
畑中三応子、『東京ご利益散歩　七福神巡り』（平凡社）
三橋健『日本人と福の神』（丸善）

ご利益いっぱい！

全国おすすめ七福神巡り123コース

※七福神の順番は、モデルコースのものを示した。

〔北海道〕

札幌七福神

布袋尊　隆運閣　恵比寿尊天
札幌市手稲区新発寒四条4―7―20
福禄寿　光照寺　毘沙門天
札幌市手稲区新発寒四条2―89―74
弁財天　誓願寺
札幌市中央区南十三条9―3―8
大黒天　立江寺　石狩市花畔一乗1―39
寿老人　真言密寺　江別市向ヶ丘24―10

函館山七福神

弁財天　厳島神社　函館市弁天町9―9
毘沙門天　称名寺　函館市船見町18―14
大黒天　実行寺　函館市船見町18―18
福禄寿　船魂神社　函館市元町7―2
恵比寿　高田屋恵比寿神社
函館市末広町23―2北方歴史資料館
布袋尊　天祐寺　函館市青柳町27―26
寿老人　住吉神社　函館市住吉1―7

〔青森県〕

陸奥国津軽七福神

弁財天　蓮正院　北津軽郡板柳町石野字宮本75
布袋尊　金剛寺　平川市八幡崎字宮本141
恵比寿　地蔵院　黒石市山形町81
毘沙門天　加福不動寺
弘前市大字茂森新町4―3―11
寿老人　覚応院　弘前市湯口一ノ安田95―1
大黒天　求聞寺　弘前市百沢字寺沢29
福禄寿　弘法寺
つがる市木造吹原字畠元125

〔秋田県〕

秋田七福神

恵比寿　土崎神明社
秋田市土崎港中央3―9―37
大黒天　補陀寺　秋田市山内松原26
毘沙門天　上新城道神社
秋田市上新城道川相染5―26
弁財天　嶺梅院　秋田市土崎港中央2―8―22
布袋尊　鱗勝院　秋田市旭北栄町6―30
福禄寿　乗福寺　秋田市添川字添川4
寿老人　石動神社　秋田市広面字谷内佐渡82

〔山形県〕

上山七福神

恵比寿　龍谷寺　上山市皆沢22
大黒天　延命寺　上山市三上12
毘沙門天　蓬莱院　上山市小穴42
弁財天　大慈院　上山市中生居126
布袋尊　久昌寺　上山市牧野2488
布袋尊　川口寺　上山市川口59
寿老尊　円通寺　上山市長清水1―7―28
福禄寿　長龍寺　上山市小倉34

出羽七福神八霊場

恵比寿　慈雲院　鶴岡市大針北田30
大黒天　冷岩寺　東田川郡庄内町狩川42
毘沙門天　祥雲寺　村山市楯岡湯沢14―1
弁財天　建昌寺　山形市七日町4―1―22
布袋尊　松岩寺
東田川郡庄内町家根合字菖蒲島70
寿老人　如法寺　新庄市鳥越1149
福禄寿　慈眼寺　酒田市赤剝村腰74
吉祥天　永福寺　鶴岡市羽黒町川行川原30

山形七福神

恵比寿神　福王寺　酒田市南千日1―31
大黒天　甲子大黒天本山
米沢市小野川町2580

毘沙門天　金比羅毘沙門天梨郷総社
南陽市竹原984
弁財天　湯殿山大日坊　鶴岡市大綱入道11
布袋尊　猿羽根山地蔵堂
最上郡舟形町舟形2979
寿老人　居合神社　村山市林崎85
福禄寿　諏訪神社
山形市諏訪町1―1―55

さくらんぼ七福神

恵比寿　岩松寺
西村山郡西川町大字岩根沢308
大黒天　永昌寺
西村山郡河北町西里673
毘沙門天　禅会寺　東根市荷口290
福禄寿　長福寺　寒河江市谷沢724
寿老人　泉蓮寺　寒河江市嶋119
布袋尊　満福寺　寒河江市寒河江丁86

〔宮城県〕

奥州仙臺七福神

恵比寿　藤崎えびす神社
仙台市青葉区一番町3―2―17藤崎百貨店屋上
壽老尊　玄光庵　仙台市青葉区通町1―3―16
大黒天　秀林寺　仙台市青葉区北山1―3―1
福禄寿　鉤取寺　仙台市太白区鉤取4―1―21
弁財天　林香院　仙台市若林区新寺5―1―1
毘沙門天　満福寺　仙台市若林区荒町206
布袋尊　福聚院　仙台市太白区門前町8―22

〔福島県〕

福島浜三郡七福神

恵比須天　寶蔵寺
いわき市平豊間字寺前138
大黒天　金性寺　南相馬市小高区仲町1―89
毘沙門天　長源寺　いわき市平胡摩沢130
弁財天　摂取院　相馬市尾浜南ノ入234

布袋尊　慈眼寺
双葉郡富岡町大字上郡山太田４７３
寿老福神　医王寺
いわき市平上荒川五郎内１５７
福禄寿　法輪寺　相馬郡新地町駒ヶ嶺西久保58

いわき七福神

寿老人　長興寺
いわき市好間町下好間大館３０２
大黒天　聖樹院
いわき市内郷御厨町清水57―2
弁財天　龍光寺
いわき市久之浜町久之浜後原68
恵比寿　波立寺
いわき市久之浜町田之網横内89
福禄寿　建徳寺　いわき市常磐藤原町松本65
毘沙門天　妙光寺
いわき市遠野町深山田寺ノ代１１６
布袋尊　龍春寺　いわき市瀬戸町龍之沢９

会津七福神

毘沙門天　天寧寺
会津若松市東山町石山天寧２０９
布袋尊　大龍寺　会津若松市慶山２―７―３
福禄寿　建福寺　会津若松市建福寺前７―３
弁財天　長福寺
郡山市湖南町赤津寺前４５９５
寿老福神　伊佐須美神社
大沼郡会津美里町宮林甲４３７７
大黒天　会津薬師寺
大沼郡会津美里町橋爪94
恵比須天　円蔵寺
河沼郡柳津町柳津寺家甲１７６

〔茨城県〕

とね七福神

毘沙門天　徳満寺
北相馬郡利根町布川３００４
弁財天　来見寺　北相馬郡利根町布川３０８０

恵比寿天　布川神社
北相馬郡利根町布川1779
寿老人　鷹順寺　北相馬郡利根町羽中1431
大黒天　蛟蝄神社
北相馬郡利根町立木2184
布袋尊　円明寺　北相馬郡利根町立木1368
福禄寿　早尾天満宮
北相馬郡利根町早尾74—1

とりで利根川七福神

寿老人　光明寺　取手市桑原1133
布袋尊　普門院　取手市井野994
恵比寿　明星院　取手市小文間4264
弁財天　東谷寺　取手市小文間5458
福禄寿　念仏寺　取手市東2—6—52
大黒天　長禅寺　取手市取手2—9—1

〔栃木県〕

下野七福神

布袋尊　西明寺　芳賀郡益子町益子4469

恵比寿　二荒山神社
宇都宮市馬場通1—1—1
弁財天　大谷観音
宇都宮市大谷町1198
寿老人　持宝院　宇都宮市田下町563
福禄寿　明静寺　今市市瀬尾791
波止利大黒天　立木観音
日光市中宮祠2482
毘沙門天　輪王寺　日光市山内2300

足利七福神

大黒天　鑁阿寺　足利市家富町2220
明石弁天　本城二丁目厳島神社
足利市本城2—1860
寿老人　心通院　足利市本城1—1742
名草弁天　名草厳島神社
足利市名草上町4990
恵比寿尊　西宮神社　足利市西宮町3—29
福禄寿尊　長林寺　足利市西宮町2884

長尾弁天　通六丁目厳島神社
　足利市通6―3177
布袋尊　福厳寺　足利市緑町1―3270
毘沙門天　常念寺　足利市通7―3094
大黒天　徳蔵寺　足利市猿田町9―3
毘沙門天　最勝寺　足利市大岩町264

佐野七福神

寿老人　金蔵院　佐野市越名町427
福禄寿　光永寺　佐野市飯田町874
布袋尊　円照寺　佐野市上羽田町1222
恵比寿　安楽寺　佐野市並木町1185
毘沙門天　西光院　佐野市赤見町1148
弁財天　出流弁財天　佐野市出流原町2125
大黒天　観音寺　佐野市金井上町2237

〔群馬県〕

上州七福神

福禄寿　正円寺　前橋市堀之下町155
恵比寿　珊瑚寺　勢多郡富士見村石井1227

弁財天　興禅寺　渋川市赤城町三原田545
寿老人　長松寺　北群馬郡吉岡町漆原1284
毘沙門天　柳沢寺
　北群馬郡榛東村山子田2535
布袋尊　霊山寺　甘楽郡下仁田町716
大黒天　善宗寺　太田市只上原宿3631―1

館林七福神

恵比寿　長良神社　館林市代官町11―38
大黒天　茂林寺　館林市堀江町1570
毘沙門天　善導寺　館林市楠町3692
弁財天　尾曳稲荷神社　館林市尾曳町10―1
布袋尊　普濟寺　館林市羽附町1691
寿老人　善長寺　館林市当郷町1975
福禄寿　雷電神社
　邑楽郡板倉町板倉2328―1

〔埼玉県〕

武蔵野七福神

福禄寿　円泉寺　飯能市平松376―1

恵比寿　恵比寿神社　飯能市飯能２６７
寿老人　観音寺　飯能市山手町５—17
毘沙門天　浄心寺　飯能市矢颪２２２
弁財天　円照寺　入間市野田１５８
大黒天　長泉寺　入間市豊岡２２８
布袋尊　山口観音　所沢市上山口２２０３

小江戸川越七福神

毘沙門天　妙善寺　川越市菅原町９—６
寿老人　天然寺　川越市仙波町４—10—10
大黒天　喜多院　川越市小仙波町１—20—１
恵比須天　成田山川越別院
　川越市久保町９—２
福禄寿神　蓮馨寺　川越市連雀町７—１
布袋尊　見立寺　川越市元町２—９—11
弁財天　妙昌寺　川越市三光町29

武蔵越生七福神

恵比須　法恩寺　入間郡越生町越生７０４
大黒天　正法寺　入間郡越生町越生９６０
弁財天　弘法山　入間郡越生町成瀬２８７
福禄寿　最勝寺　入間郡越生町堂山２８７
寿老人　円通寺　入間郡越生町小杉３０６
毘沙門天　龍穏寺　入間郡越生町龍ヶ谷４５２
布袋尊　全洞院　入間郡越生町黒山７４３

秩父七福神

恵比寿　東林寺　秩父郡横瀬町横瀬３５３７
弁財天　惣圓寺　秩父市東町17—19
布袋尊　金仙寺　秩父市下影森６６５０
壽老人　田村円福寺　秩父市田村９６７
毘沙門天　鳳林寺
　秩父郡小鹿野町下小鹿野１３８７
大黒天　大浜円福寺　秩父郡皆野町皆野２９３
福禄壽　総持寺　秩父郡長瀞町本野上１９２４

武州川口七福神

毘沙門天　吉祥院　川口市南町２—６—８
寿老尊　正眼寺　川口市宮町５—40
福禄寿　錫杖寺　川口市本町２—４—37

布袋尊　正覚寺　川口市元郷3—1—14
恵美寿神　傑伝寺　川口市東本郷1506
大黒天　密蔵院　川口市安行原2008
弁財天　西光院　川口市戸塚2—6—29

くりはし八福神

吉祥天　賽聚寺　北葛飾郡栗橋町高瀬2208
布袋尊　定福院　北葛飾郡栗橋町佐間566
大黒天　常薫寺　北葛飾郡栗橋町東6—2—1
毘沙門天　顕正寺　北葛飾郡栗橋町東3—14—14
寿老人　浄信寺　北葛飾郡栗橋町東3—8—15
恵比寿　深廣寺　北葛飾郡栗橋町東3—7—24
福禄寿　福寿院　北葛飾郡栗橋町中央2—8
弁財天　迎盛院　北葛飾郡栗橋町伊坂1394

草加宿七福神

寿老人　三峰神社　草加市高砂2—21
布袋尊　回向院　草加市高砂1—7—14
恵比寿　八幡神社　草加市高砂2—20—7
大黒天　氷川神社　草加市住吉1—11
毘沙門天　東福寺　草加市神明1—3—43
福禄寿　谷古宇稲荷神社　草加市神明2—2—25
弁財天　出世弁財天　草加市松江3—27—24

〔千葉県〕

安房七福神

恵比寿　妙の浦恵比寿堂　鴨川市小湊183—3
布袋尊　清澄寺　鴨川市清澄322—1
毘沙門天　多聞寺　鴨川市浜荻1145
弁財天　鴨川市磯村漁協組合
寿老人　仁右衛門島　鴨川市太海浜445
大黒天　真野寺　南房総市久保587
福禄寿　白浜海洋美術館　南房総市白浜町白浜628—1

佐倉七福神

大黒天　布袋尊　大聖院
　佐倉市鏑木町661
恵比寿　福禄寿　麻賀多神社
　佐倉市鏑木町933—1
弁財天　嶺南寺　佐倉市新町74
寿老人　宗円寺　佐倉市新町89
毘沙門天　甚大寺　佐倉市新町78
大黒天　妙隆寺　佐倉市鏑木町188
毘沙門天　松林寺　佐倉市弥勒町93—1

松戸七福神

布袋尊　善照寺　松戸市松戸1857
大黒天　宝蔵院　松戸市上矢切1197
福禄寿　円能寺　松戸市千駄堀735
寿老人　徳蔵院　松戸市日暮425
恵比寿　金蔵院　松戸市旭町2—419
毘沙門天　医王寺　松戸市中金杉
弁財天　華厳寺　松戸市幸田1—129

流山七福神

弁財天　成顕寺　流山市駒木224
毘沙門天　福性寺　流山市平方169
福禄寿　西栄寺　流山市桐ヶ谷230
大黒天　流山寺　流山市流山7—589
恵比寿　長流寺　流山市流山6—677
布袋尊　春山寺　流山市野々下1—398
寿老人　清瀧院　流山市名都借1024

九十九里七福神

毘沙門天　観音堂　山武市新泉富田
寿老人　光明寺　山武市富田1715
大黒天　月蔵寺　山武市早船1417
福禄寿　宝積寺　山武市大堤449
布袋尊　真光寺　山武市借毛本郷1238—1
弁才天　海厳寺　山武市木戸432
恵比寿　慈広寺　山武市小松726

市川七福神

恵比寿　所願寺　市川市宮久保4—12—3

弁財天　奥の院　市川市若宮2—21—1
多門天　浄光寺　市川市大野町3—1917
大黒天　本将寺　市川市大野町2—919—1
寿老人　福禄寿　妙応寺　市川市本行徳2—18
毘沙門天　国分寺　市川市国文3—20—1
布袋尊　安養寺　市川市高谷2—16—35

〔東京都〕

柴又七福神

寿老人　観蔵寺　葛飾区高砂5—5—2
恵比寿天　医王寺　葛飾区柴又5—13—6
大黒天　宝生院　葛飾区柴又5—9—18
福禄寿　万福寺　葛飾区柴又6—17—20
弁財天　真勝院　葛飾区柴又7—5—28
宝袋尊　良観寺　葛飾区柴又3—33—13
毘沙門天　題経寺（帝釈天）
葛飾区柴又7—10—3

亀戸七福神

寿老人　常光寺　江東区亀戸4—48—3
弁財天　東覚寺　江東区亀戸4—24—1
恵比寿　大黒天　香取神社
江東区亀戸3—57—22
毘沙門天　普門院　江東区亀戸3—43—3
福禄寿　天祖神社　江東区亀戸3—38—35
布袋尊　龍眼寺　江東区亀戸3—34—2

浅草名所七福神

大黒天　浅草寺　台東区浅草1—3—1
恵比須　浅草神社　台東区浅草2—3—1
毘沙門天　待乳山聖天　台東区浅草7—4—1
福禄寿　今戸神社　台東区今戸1—5—22
布袋尊　橋場寺不動院
台東区橋場2—14—19
寿老神　石浜神社　台東区南千住3—38
弁財天　吉原神社　台東区千束3—20—2
寿老人　鷲神社　台東区千束3—18—7
福禄寿　矢先稲荷神社
台東区松が谷2—14—1

下谷七福神

福禄寿　真源寺（入谷鬼子母神）
台東区下谷1―12―16
寿老人　元三島神社　台東区根岸1―7―11
三面大黒天　英信寺　台東区下谷2―5―14
毘沙門天　法昌寺　台東区下谷2―10―6
朝日弁財天　弁天院　台東区竜泉1―15―9
恵比寿神　飛不動尊正宝院
台東区竜泉3―11―11
布袋尊　寿永寺　台東区三ノ輪1―22―15

深川七福神

恵比須神　富岡八幡宮　江東区富岡1―20―3
弁財天　冬木弁天堂　江東区冬木22―31
福禄寿　心行寺　江東区深川2―16―7
大黒天　円珠院　江東区平野1―13―6
毘沙門天　龍光院　江東区三好2―7―5
布袋尊　深川稲荷神社
江東区清澄2―12―12
寿老神　深川神明宮
江東区森下1―3―17

隅田川七福神

恵比寿　大黒天　三囲神社
墨田区向島2―5―17
布袋尊　弘福寺　墨田区向島5―3―2
弁財天　長命寺　墨田区向島5―4―4
寿老神　白鬚神社　墨田区東向島3―5―2
福禄寿　向島百花園　墨田区東向島3―18―3
毘沙門天　多聞寺　墨田区墨田5―31―13

谷中七福神

弁財天　弁天堂　台東区上野公園2―1
大黒天　護国院　台東区上野公園10―18
毘沙門天　天王寺　台東区谷中7―14―8
寿老人　長安寺　台東区谷中5―2―22
布袋尊　修性院　荒川区西日暮里3―7―12
恵比須　青雲寺　荒川区西日暮里3―6―4
福禄寿　東覚寺　北区田端2―7―3

日本橋七福神

弁財天　水天宮
中央区日本橋蛎殻町2―4―1
大黒神　松島神社
中央区日本橋人形町2―15―2
毘沙門天　末廣神社
中央区日本橋人形町2―25―20
寿老人　笠間稲荷神社
中央区日本橋浜町2―11―6
恵比寿神　椙森神社
中央区日本橋堀留町1―10―2
恵比寿神　寶田恵比壽神社
中央区日本橋3―10―11
福禄寿　弁財天　小網神社
中央区日本橋小網町16―23
布袋尊　茶の木神社
中央区日本橋人形町1―12―10

小石川七福神

福禄寿　東京ドーム　文京区後楽園1―3―61
毘沙門天　源覚寺　文京区小石川2―23―14
大黒天　福聚院　文京区小石川3―2―23
布袋尊　真珠院　文京区小石川3―7―4
弁財天　極楽水　文京区小石川4―16―13
寿老人　宗慶寺　文京区小石川4―15―17
弁財天　徳雲寺　文京区小日向4―4―1
恵比寿　深光寺　文京区小日向4―9―5

新宿山の手七福神

毘沙門天　善国寺　新宿区神楽坂5―36
大黒天　経王寺　新宿区牛込原町1―14
弁財天　厳島神社　新宿区余丁町8―5
寿老人　法善寺　新宿区新宿6―20―16
福禄寿　永福寺　新宿区新宿7―11―2
恵比寿神　鬼王神社
新宿区歌舞伎町2―17―5
布袋尊　太宗寺　新宿区新宿2―9―2

港区七福神

布袋尊　久国神社　港区六本木2―1―16
福禄寿　天祖神社　港区六本木7―7―7
宝船　十番稲荷神社　港区麻布十番1―4―6
寿老人　桜田神社　港区西麻布3―2―16
毘沙門天　氷川神社　港区元麻布1―4―23
大黒天　大法寺　港区元麻布1―1―10
恵比寿　熊野神社　港区麻布台2―2―14
弁財天　宝珠院　港区芝公園4―8―55

山手七福神

恵比寿　瀧泉寺（目黒不動尊）
目黒区下目黒3―20―26
弁財天　蟠龍寺　目黒区下目黒3―4―4
大黒天　大円寺　目黒区下目黒1―8―5
福禄寿　寿老人　妙円寺
港区白金台3―17―5
布袋尊　瑞聖寺　港区白金台3―2―19
毘沙門天　覚林寺　港区白金台1―1―47

荏原七福神

大国天　小山八幡神社
品川区荏原7―5―14
寿老人　摩耶寺　品川区荏原7―6―9
恵比寿　法蓮寺　品川区旗の台3―6―18
弁財天　上神明天祖神社
品川区二葉4―4―12
布袋尊　養玉院如来寺
品川区西大井5―22―25
毘沙門天　東光寺　品川区二葉1―14―16
福禄寿　大井蔵王権現神社
品川区大井1―14―8

東海七福神

大黒天　品川神社　品川区北品川3―7―15
布袋尊　養願寺　品川区北品川2―3―12
寿老人　一心寺　品川区北品川2―4―18
恵比寿　荏原神社　品川区北品川2―30―28
毘沙門天　品川寺　品川区南品川3―5―17

福禄寿　天祖諏訪神社
　品川区南大井1—4—1
弁財天　磐井神社　大田区北大森2—20—8

池上七福神

福禄寿　本成院　大田区池上1—35—3
恵比寿　養源寺　大田区池上1—31—1
寿老人　妙見堂　大田区池上1—31—11
弁財天　厳定院　大田区池上2—10—12
大黒天　馬頭観音堂　大田区池上3—20—7
毘沙門天　微妙庵　大田区池上3—38—23
布袋尊　曹禅寺　大田区池上7—22—10

八王子七福神

恵比寿天　伝法院　八王子市南新町4
寿老尊　宗格院　八王子市千人町2—14—18
福禄寿　樹老人　金剛院
　八王子市上野町39—1
布袋尊　信松院　八王子市台町3—18—28
新護弁財天　了法寺　八王子市日吉町2—1

走大黒天　善龍院
　八王子市元本郷町1—1—9
毘沙門天　本立寺　八王子市上野11—1
吉祥天　吉祥院　八王子市長房町58—3

多摩青梅七福神

弁財天　玉泉寺　青梅市長渕3—299
毘沙門天　宗建寺　青梅市千ヶ瀬町6—734
大黒天　延命寺　青梅市青梅82
恵比寿　清宝院　青梅市青梅1203
布袋尊　地蔵院　青梅市畑中2—583
福禄寿　明白院　青梅市日向和田2—395
寿老人　聞修院　青梅市黒沢3—1578

板橋七福神

寿老人　能満寺　練馬区旭ヶ丘2—15—5
布袋尊　西光寺　板橋区大谷口2—8—7
弁財天　安養院　板橋区東新町2—30—23
福禄寿　長命寺　板橋区東山町48—5
大黒天　西光院　板橋区南町31—1

恵比寿　観明寺　板橋区板橋3―25―1
毘沙門天　文殊院　板橋区仲宿28―5

〔神奈川県〕

川崎七福神

恵比寿神　大楽院
川崎市中原区上丸子八幡町1521
布袋尊　大楽密寺
川崎市中原区上木月1492
大黒天　西明寺
川崎市中原区小杉御殿町1―906
寿老神　無量寺
川崎市中原区中丸子498
福禄寿　安養寺
川崎市中原区上新城1―9―5
弁財天　宝蔵寺
川崎市中原区上小田中1―4―13
毘沙門天　東樹院
川崎市中原区宮内1―11―1

武州稲毛七福神

恵比寿　観音寺　川崎市多摩区生田7―17―8
大黒天　広福寺　川崎市多摩区桝形6―7―1
毘沙門天　安立寺
川崎市多摩区東生田1―27―1
弁財天　寿老人　盛源寺
川崎市長沢1―29―6
布袋尊　香林寺　川崎市麻生区細山3―9―1
福禄寿　潮音寺　川崎市麻生区高石2―21―2

横浜七福神

寿老人　金蔵寺
横浜市港北区日吉本町2116
布袋尊　東照寺
横浜市港北区南綱島西1―13―15
福禄寿　興禅寺　横浜市港北区高田町1799
恵比寿　西方寺　横浜市港北区新羽町2586
大黒天　正覚院
横浜市港北区大豆戸町1160

毘沙門天　蓮勝寺　横浜市港北区菊名町521
弁財天　菊名池畔弁財天
　横浜市港北区菊名町1―8―1

横浜磯子七福神
弁財天　金蔵院
　横浜市磯子区磯子町4―3―6
毘沙門天　真照寺
　横浜市磯子区磯子町8―14―12
布袋尊　密蔵院　横浜市磯子区滝頭3―13―5
恵比寿　宝積寺　横浜市磯子区上町7―13
大黒天　金剛院　横浜市磯子区岡村5―3―1
寿老人　寶生寺　横浜市南区堀ノ内町1―68
福禄寿　弘誓院　横浜市南区睦町2―221

横浜瀬谷八福神
弁財天　寶蔵寺
　横浜市瀬谷区瀬谷5―36―14
布袋尊　西福寺
　横浜市瀬谷区橋戸3―21―2
福禄寿　宗川寺　横浜市瀬谷区北新26―13
寿老人　全通院勢至堂
　横浜市瀬谷区下瀬谷1―29―10
毘沙門天　徳善寺
　横浜市瀬谷区本郷3―36―6
恵比寿　善昌寺　横浜市瀬谷区竹村町1―14
大黒天　妙光寺　横浜市瀬谷区上瀬谷8―3
達磨大師　長天寺
　横浜市瀬谷区相沢4―4―1

鎌倉・江ノ島七福神
布袋尊　浄智寺　鎌倉市山ノ内1402
弁財天　鶴岡八幡宮　鎌倉市雪の下2―1―13
毘沙門天　宝戒寺　鎌倉市小町3―5―22
寿老人　妙隆寺　鎌倉市小町2―17―20
夷神　本覚寺　鎌倉市小町1―12―12
大黒天　長谷寺　鎌倉市長谷3―11―2
福禄寿　御霊神社　鎌倉市坂の下3―17
弁財天　江島神社　藤沢市江の島2―3―8

三浦七福神

壽福大黒天　延寿寺
三浦市初音町下宮田3403
鶴園福禄寿　妙音寺
三浦市初音町下宮田119
長安寿老人　白髭神社
三浦市三崎町小網代1516
桃林布袋尊　見桃寺　三浦市白石町19―2
筌龍弁財天　海南神社　三浦市三崎4―12―11
白浜毘沙門天　慈雲寺
三浦市南下浦町毘沙門667
金光恵比須尊　圓福寺
三浦市南下浦町金田258

藤沢七福神

恵比寿　皇大神宮　藤沢市鵠沼神明2―11―5
布袋尊　養命寺　藤沢市城南4―10―35
毘沙門天　白旗神社　藤沢市藤沢2―4―7
福禄寿　常光寺　藤沢市本町4―5―21
大黒天　諏訪神社　藤沢市大鋸3―7―2
寿老人　感応院　藤沢市大鋸2―6―8
弁財天　江島神社　藤沢市江の島2―3―8
毘沙門天　龍口寺　藤沢市片瀬3―13―37

小田原七福神

恵比寿　報身寺　小田原市南町3―11―3
大黒尊天　蓮船寺　小田原市城山3―31―15
毘沙門天　潮音寺　小田原市久野511
満願弁財天　福泉寺　小田原市城山1―19―1
水掛布袋尊　圓福寺　小田原市本町4―6―24
寿老人　鳳巣院　小田原市城山3―7―43
福禄寿　大蓮寺　小田原市南町2―4―9

〔山梨県〕

石和温泉七福神霊場

寿老尊　大蔵経寺　東八代郡石和町松本610
福禄寿尊　佛陀寺
東八代郡石和町市部864
大黒天　遠妙寺　東八代郡石和町市部1016

毘沙門天　恵法寺
東八代郡石和町四日市場２２８２
弁財天　蓮朝寺　東八代郡石和町小石和４６４
布袋尊　常在寺　東八代郡石和町唐柏４５９
恵比寿神　常徳寺
東八代郡石和町東高橋１３３

〔長野県〕

木曾七福神

寿老人　大宝寺　塩尻市奈良井４２３
毘沙門天　徳音寺　木曽町日義１２４―１
吉祥天　興禅寺　木曽町福島５６５９
弁財天　臨川寺　木曽郡上松町寝覚１７０４
布袋尊　定勝寺　木曽郡大桑村須原81
大黒天　妙覚寺　木曽郡大桑村野尻１９７３
恵比寿　光徳寺
木曽郡南木曽町吾妻上町６０５

諏訪湖・湖畔七福神

布袋尊　温泉寺　諏訪市湯の脇１―21―１
弁財天　教念寺　諏訪市小和田６―４
福禄寿　江音寺　諏訪市豊田有賀４５６５
大黒天　法華寺　諏訪市中州神宮寺８５６
恵比寿天　秋宮恵比寿社
諏訪郡下諏訪町上久保５８２８
毘沙門天　久保寺　岡谷市湊２―14―６
寿老人　平福寺　岡谷市長池東堀３３２６

伊那七福神

布袋尊　常円寺　伊那市山本町３２５１
毘沙門天　蓮華寺　伊那市高遠町東高遠４５７
弁財天　光前寺　駒ヶ根市赤穂29
寿老人　蔵沢寺　駒ヶ根市中沢４８１５
福禄寿　聖徳寺　上伊那郡飯島町田切２８７５
恵比寿　西岸寺　上伊那郡飯島町本郷１７２４
大黒天　常泉寺　上伊那郡中川村大草５１５１

善光寺七福神

寿老人　苅萱山西光寺
長野市南長野北石堂町１３９８―１

大黒天　大国主神社
長野市南長野南県町昭和通り沿い
福禄寿　西後町・秋葉神社
長野市南長野西後町1568
弁財天　蓮池山往生院　長野市美咲町791
布袋尊　御本陣藤屋　長野市大門町80
恵比須　西宮神社　長野市長野岩石町257
毘沙門天　善光寺世尊院
長野市長野元善町475

信州七福神

恵比寿神　大宮熱田神社
松本市梓川梓北北条4396
大黒尊天　東光寺
安曇野市穂高等々力2721
毘沙門天　長興寺　塩尻市洗馬元町3392
辨財天　専称寺　松本市新村982
布袋尊　盛泉寺
東筑摩郡波田町中波田5997

寿老尊　兎川霊瑞寺　松本市里山辺2940
福禄寿尊　宗林寺　安曇野市明科光108

〔富山県〕

越中万葉七福神

大黒天　関野神社　高岡市末広町9—56
恵比寿　西宮神社　射水市本町2—4—12
弁財天　新湊弁財天　射水市片口95
寿老人　千手寺　氷見市幸町13—4
毘沙門天　弘源寺　高岡市二上
毘沙門天　総持寺　高岡市関町32
福禄寿　佛石寺　高岡市伏木一宮鉢伏16
布袋尊　妙法寺　高岡市伏木古国府12—18

〔石川県〕

和倉温泉七福神めぐり

弁財天　弁天崎公園弁天社　七尾市和倉町
恵比寿　湯元の広場　七尾市和倉町
大黒天　渡月橋付近　七尾市和倉町
毘沙門天　少比古那神社　七尾市和倉町

布袋　青林寺　七尾市和倉町レ61
福禄寿　信行寺　七尾市和倉町ソ11—1
寿老神　和倉温泉総湯
　七尾市和倉町ワ5—1

〔静岡県〕

伊東七福神の湯

布袋尊　小川布袋の湯　伊東市末広町2—17
布袋尊　岡布袋の湯　伊東市桜木町2—2—16
寿老人　和田寿老人の湯
　伊東市竹の内2—2—16
大黒天　松原大黒天神の湯
　伊東市松原本町13—3
弁財天　湯川弁天の湯　伊東市湯川2—9—9
毘沙門天　毘沙門天芝の湯　伊東市芝町2
恵比寿　恵比寿あらいの湯
　伊東市新井1—9—4
福禄寿　鎌田福禄寿の湯
　伊東市宮川町1—2—16

伊豆国七福神

弁財天　長楽寺　下田市3—13—19
大黒天　大安寺　下田市4—2—1
恵比寿　向陽院　下田市河内289
寿老人　普照寺
　賀茂郡南伊豆町伊浜1289—1
毘沙門天　西林寺
　賀茂郡南伊豆町子浦1611
福禄寿　善福寺　賀茂郡南伊豆町妻良809
布袋尊　海蔵寺
　賀茂郡南伊豆町入間大池959
愛染明王　明徳院　下田市東本郷1—3—2

焼津七福神

大弁財尊天　法華寺　焼津市花沢3
寿老尊天　法昌寺　焼津市大覚寺1024
毘沙門尊天　正岳寺　焼津市小柳津252
布袋尊天　泰善寺　焼津市中根388
大黒尊天　海蔵寺　焼津市東小川6—3—5

恵比寿尊天　信香院　焼津市小川３４８１
福禄寿尊天　成道寺　焼津市一色４６０

遠州七福神

布袋尊　永江院　掛川市下和光３―12―２
福禄寿　福王院
　磐田市城之崎４―２７２２―１
大黒天　法雲寺　磐田市向笠西３７４
弁財天　松秀寺　袋井市富里４５３
寿老人　極楽寺　周智郡森町一宮５７０９
恵比寿　官長寺　御前崎市佐倉５６６
毘沙門天　増船寺　御前崎市白羽３１０５―１

浜松七福財天

寿老人　富春院　浜松市小沢渡町４８２
布袋尊　好徳寺　浜松市堤町１３５
福禄寿　正福寺　浜松市高町２１３―１
毘沙門天　養源寺　浜松市下石多町１４２５
恵比須　常久院　浜松市上石田町１７５８
弁財天　甘露寺　浜松市中郡町１０２６

大黒天　円福寺　浜松市都田町２８６―１

浜名湖七福神

弁財天　鴨江寺　浜松市鴨江４―17―１
毘沙門天　遠州信貴山　浜松市中沢町62―15
福禄寿　岩水寺　浜北市根堅２２３８
寿老人　長楽寺
　浜松市北区細江町気賀７９５３―１
大黒天　摩訶耶寺
　浜松市北区三ケ日町摩訶耶４２１
布袋尊　大福寺
　浜松市北区三ケ日町福長２２０―３
恵比寿　応賀寺　湖西市新居町中之郷６８１

〔愛知県〕

吉田七福神

恵比寿天　神宮寺　豊橋市魚町79
毘沙門天　永福寺
　豊橋市下地町字北村26―１
寿老人　薬師寺　豊橋市牛川薬師町63

福禄寿　英霊殿宝形院
豊橋市向山町字南畑中23
弁財天　赤岩寺　豊橋市多米町字赤岩山1
大黒天　普門寺　豊橋市雲谷町ナベ山下7
布袋尊　常心寺
豊橋市杉山町字天津106

三河七福神

弁財天　三明寺　豊川市豊川町波通37
恵比寿　法蔵寺　岡崎市本宿町寺山1
大黒天　安楽寺　蒲郡市清田町門前4
寿老人　宝珠院　西尾市吉良町吉田石池18
毘沙門天　妙福寺　碧南市志貴町2—61
布袋尊　長円寺　西尾市貝吹町入101
福禄寿　宝福寺　岡崎市梅園町白雲9

南知多七福神

布袋尊天　相持院　常滑市千代ヶ丘4—66
大黒尊天　野間大坊
知多郡美浜町野間字東畑50

寿老尊天　寺宝院
知多郡南知多町内海林之峰66
福禄寿尊天　影向寺
知多郡南知多町豊浜字中之浦84
恵比寿神　羽豆神社
知多郡南知多町師崎鳥東58—3
弁財尊天　遍照寺
知多郡南知多町師崎栄村15
毘沙門尊天　時志観音
知多郡美浜町時志字南平井86

東海七福神

弁財天　城宝寺　田原市田原町稗田48
福禄寿　瑪瑙寺　田原市高松町一色53
寿老人　法林寺　田原市越戸大山1024
恵比寿　成道寺　田原市江比間町郷中10
大黒天　泉福寺　田原市山田谷太郎69
毘沙門天　潮音寺　田原市福江町原ノ島37
布袋尊　常光寺　田原市堀切町隣地74

大府七福神

壽老尊　大日寺　大府市月見町5—25
毘沙門天　地蔵寺　大府市長草町本郷40
恵比寿尊　浄通院　大府市追分町2—12
辨財尊天　光善寺　大府市北崎町4—308
布袋尊　賢聖院　大府市北崎町北屋敷22
大黒尊天　普門寺　大府市横根町石丸94
福禄壽尊　地蔵院　大府市中央町6—59

なごや七福神

布袋尊　大須観音
名古屋市中区大須2—21—47
福禄寿　万福院　名古屋市中区栄3—6—13
毘沙門天　福生院　名古屋市中区錦2—5—22
寿老人　興正寺　名古屋市昭和区八事本町78
恵比寿　笠覆寺　名古屋市南区笠寺町上新町83
大黒天　宝珠院　名古屋市中川区中郷1—11
弁財天　弁天寺
名古屋市港区多加良浦町4—278

尾張七福神

福禄寿　善光寺別院
稲沢市祖父江南川原57—2
恵比寿神　根福寺　稲沢市祖父江南川原57—2
毘沙門天　正塔院　稲沢市祖父江南川原45
寿老人　刈萱堂　稲沢市祖父江江西147
弁財天　歓喜院　稲沢市祖父江下沼226
布袋尊　永張寺　稲沢市祖父江南川原135
大黒天　地泉院　稲沢市神明津231

〔岐阜県〕

美濃七福神

布袋尊　護国之寺　岐阜市長良雄総194—1
福禄寿　大龍寺　岐阜市粟野2339
弁財天　円鏡寺　本巣郡北方町1345—1
大黒天　真禅院　不破郡垂井町宮代2006
毘沙門天　新長谷寺　関市長谷寺町1
恵比須神　甘南美寺　山県市長滝27—11
寿老人　永保寺　多治見市虎渓山町1—40

神岡鉄道七福神めぐり

恵比寿　飛騨神岡駅
　飛騨市神岡町船津1409
大黒天　神岡鉱山前駅
　飛騨市神岡町船津2292
毘沙門天　飛騨中山駅
　飛騨市神岡町中山108―2
弁財天　神岡大橋駅
　飛騨市神岡町釜崎743―9
布袋尊　奥飛騨温泉口駅
　飛騨市神岡町東雲1327―2
寿老人　漆山駅
　飛騨市神岡町西漆山408―10
福禄寿　茂住駅
　飛騨市神岡町西茂住365―2

〔三重県〕

鈴鹿七福神

恵比寿尊天　石薬師寺　鈴鹿市石薬師町1
寿老神　椿大神社　鈴鹿市山本町1871
毘沙門天　桃林寺　鈴鹿市小岐須町800
福禄寿　洞水寺　鈴鹿市小社町179
大黒尊天　泰應寺　鈴鹿市伊船町2560
弁財天　見性寺　三重郡菰野町大字菰野158
布袋尊　智福寺
　三重郡菰野町大字菰野2131

伊勢七福神

恵比寿　聖衆寺　桑名市北別所156
大黒天　大福田寺　桑名市大字東方1426
毘沙門天王　信貴山四日市別院
　四日市市生桑町1825―1
福禄寿　大聖院　四日市市日永2―11―7
弁財天　密蔵院　四日市市大治田町2―10
寿老神　観音寺　鈴鹿市高塚町1777
布袋尊　石上寺　亀山市和田町1185

志摩国七福神

恵比寿神　正福寺　鳥羽市松尾町519

寿老人　福禄寿　本福寺
志摩市阿児町立神２０４７
大黒天　毘沙門天　仙遊寺
志摩市大王町波切６
弁財天　布袋尊　大慈寺
志摩市大王町波切４０９

近江七福神

恵比須　市神神社　八日市市本町15―4
大黒天　金剛輪寺
愛知郡愛荘町松尾寺８７４
毘沙門天　長命寺　近江八幡市長命寺町１５７
弁財天　長寿院　彦根市古沢町１１３９
布袋尊　天寧寺　彦根市里根町２３２
寿老人　興福寺　東近江市五智町１１２
福禄寿　青岸寺　米原市米原６６９

近江びわ湖七福神

恵比寿　光明院　近江八幡市金剛寺町１４８
大黒天　小谷寺　長浜市湖北町伊部３２９
毘沙門天　醍醐寺　長浜市醍醐町２０５
弁財天　竹生島宝厳寺
東浅井郡びわ町早崎１６６４―１
布袋尊　悉地院　米原市上野１
寿老人　西林院　長浜市大門１４４
福禄寿　長尾寺　米原市大久保１１３８

西近江七福神

恵比壽　唐崎神社　大津市唐崎１―７―１
大黒天　正傳寺　高島市新旭町旭38
毘沙門天　大崎寺　高島市マキノ町海津１２８
辨財天　西江寺　高島市今津町蘭生５９２
布袋尊　玉泉寺
高島市安曇川町田中３４５９
寿老人　白鬚神社　高島市高島町鵜川２１５
福禄寿　行過天満宮
高島市今津町弘川宮の森公園内

湖西蓬莱七福神

毘沙門天　建部大社　大津市神領町１―16―１

恵比寿　近江神宮　大津市神宮町１―１
大黒天　日吉大社　大津市坂本５―１―１
寿老人　白鬚神社　高島市鵜川２１５
布袋尊　藤樹神社
高島市安曇川町上小川69
福禄寿　行過天満宮
高島市今津町弘川宮の森公園内
弁財天　竹生島宝厳寺
東浅井郡びわ町早崎１６６４―１

〔京都府〕

都七福神

毘沙門天　東寺　京都市南区九条町１
弁財天　六波羅蜜寺
京都市東山区松原町通大和大路東入ル二丁目
恵比寿　ゑびす神社
京都市東山区大和大路四条下ル
寿老神　行願寺革堂
京都市中京区寺町通竹屋町上ル

福禄寿神　赤山禅院
京都市左京区修学院赤山町
大黒天　妙円寺
京都市左京区松ヶ崎東町31
布袋尊　萬福寺　宇治市五ヶ庄三番割34

京の七福神めぐり

ゑびす神　ゑびす神社
京都市東山区大和大路四条下ル
布袋尊　長楽寺　京都市東山区円山町６２６
毘沙門天　山科毘沙門堂
京都市山科区安朱稲荷山町１
寿老神　行願寺革堂
京都市中京区寺町通竹屋町上ル行願寺門前町
福禄寿　護浄院
京都市上京区荒神口通寺町東入ル荒神町１２２
大黒天　妙円寺　京都市左京区松ヶ崎東町31
弁財天　三千院弁天堂
京都市左京区大原来迎院町５４０

丹波七福神

毘沙門天　神応寺
亀岡市千歳町千歳毘沙門奥条17
布袋尊　養仙寺
亀岡市千歳町国分南山ノ口17
大黒天　蔵宝寺
亀岡市千歳町千歳横井1 1 3
弁財天　金光寺　亀岡市千歳町38
恵比須　耕雲寺
亀岡市千歳町千歳御所垣内3
寿老人　極楽寺　亀岡市千歳町千歳北所24
福禄寿　東光寺　亀岡市千歳町千歳上所44

〔兵庫県・大阪府〕

阪急沿線西国七福神

毘沙門天　東光院
大阪府豊中市南桜塚1―12―7
福禄寿　圓満寺
大阪府豊中市螢池東町1―13―12
大黒天　西江寺
大阪府箕面市箕面2―5―27
弁財天　瀧安寺
大阪府箕面市箕面公園2―23
恵比寿神　呉服神社　大阪府池田市室町7―4
寿老人　中山寺
兵庫県宝塚市中山寺2―11―1
布袋尊　清澄寺　兵庫県宝塚市米谷字清シ1

〔大阪府〕

大阪七福神

恵比寿　今宮戎神社
大阪市浪速区恵美須西1―6―10
大黒天　大国主神社
大阪市浪速区敷津西1―2―12
布袋尊　四天王寺布袋堂
大阪市天王寺区四天王寺1―11―18
毘沙門天　大乗坊
大阪市浪速区日本橋3―6―13

弁財天　法案寺
大阪市中央区島之内2—10—14
福禄寿　長久寺
大阪市中央区谷町8—2—49
寿老人　三光神社
大阪市天王寺区玉造本町14—90

河内飛鳥七福神

布袋尊　四天王寺布袋堂
大阪市天王寺区四天王寺1—11—18
福禄寿　長栄寺
東大阪市高井田元町1—11—1
毘沙門天　大聖勝軍寺
八尾市太子堂3—3—16
恵比寿　西琳寺　羽曳野市古市2—3—2
大黒天　弘川寺　南河内郡河南町弘川43
弁財天　高貴寺
南河内郡河南町平石539
寿老人　延命寺　河内長野市神ガ丘492

南海沿線七福神

戎さん　今宮戎神社
大阪市浪速区恵美須西1—6—10
大黒さん　大国主神社
大阪市浪速区敷津西1—2—12
毘沙門さん　万代寺
堺市北区百舌鳥赤畑町5—705
弁天さん　水間寺　貝塚市水間638
福禄寿さん　長慶寺
泉南市信達市場815
寿老神さん　松尾寺
和泉市松尾寺町2168
布袋さん　七宝瀧寺　泉佐野市大木8

〔奈良県〕

大和七福八宝

三輪明神　大神神社　桜井市三輪1422
毘沙門天　信貴山朝護孫子寺
生駒郡平群町信貴山2280—1

布袋尊　當麻寺中之坊
　北葛城郡當麻町當麻263
寿老人　久米寺　橿原市久米町502
大黒天　子嶋寺
　高市郡高取町観覚寺544
恵比寿　おふさ観音　橿原市子房6―22
弁財天　安倍文殊院　桜井市安倍山
福禄寿　談山神社　桜井市多武峰319

〔兵庫県〕

北摂七福神

恵比寿　山下恵比寿神社　川西市山下町19
大黒天　能勢妙見　川西市黒川奥山467
毘沙門天　満願寺　川西市満願寺町7―1
弁財天　多田神社
　川西市多田院多田所町1―1
布袋尊　法泉寺　川西市新田2―18―8
寿老人　頼光寺　川西市東畦野2―17―2
福禄寿　多太神社　川西市平野2―20―21

伊丹七福神

恵比寿　金剛院　伊丹市宮ノ前2―2―7
福禄寿　安楽院　伊丹市千僧3―22
大黒天　編照院　伊丹市寺本2
毘沙門天　正覚院　伊丹市寺本1
弁財天　一乗院　伊丹市寺本2
寿老人　昆陽院　伊丹市寺本2―169
布袋尊　大空寺　伊丹市野間6―5―5

淡路島七福神

大黒天　八浄寺　淡路市佐野834
寿老人　宝生寺　淡路市里326
弁財天　智禅寺　淡路市草香436
福禄寿　長林寺
　洲本市五色町都志万才975
恵比寿　万福寺　南あわじ市賀集鍛冶屋87
布袋尊　護国寺　南あわじ市賀集八幡721
毘沙門天　覚住寺
　南あわじ市神代社家343

但馬七福神

毘沙門天　日光院
　養父市八鹿町石原450
弁財天　長楽寺　美方郡香美町川会642
大黒天　光明寺　美方郡香美町平野400
恵比寿神　蓮華寺　養父市大屋町夏梅682
布袋尊　隆国寺　豊岡市日高町荒川22
寿老人　楽音寺　豊岡市但東町大河内30
福禄寿　温泉寺
　豊岡市城崎町湯島985―2

夢前七福神

毘沙門天　生福寺　姫路市山之内甲442
大黒天　臨済寺　姫路市新庄1468―4
恵比寿　蓮華寺　姫路市杉内291
弁財天　性海寺　姫路市宮置812
福禄寿　真楽寺　姫路市山之内乙527
寿老人　正覚寺　姫路市戸倉419
布袋尊　弥勒寺　姫路市寺1051

播磨七福神

福禄寿　朝光寺　加東市畑609
大黒天　仲正院　西脇市高松町600―5
布袋尊　大乗院　加東市掎鹿谷694
恵比寿神　安海寺
　多可町八千代区中村220
毘沙門天　長円寺　加西市福居町328
弁財天　観音寺　神崎郡市川町奥268―1
寿老人　七寶寺　神崎郡神河町大山110

〔兵庫県・岡山県〕

西日本播磨美作七福神

恵比寿大神　岩倉寺
　岡山県英田郡西粟倉村長尾1498
大黒天　大聖寺　岡山県美作市大聖寺1
毘沙門天　安養寺　岡山県美作市林野48
福禄寿神　長福寺　岡山県美作市真神414
寿老人　光明寺
　兵庫県佐用郡佐用町平福151

弁財天　慈山寺
　兵庫県佐用郡佐用町山脇465
布袋尊　高蔵寺
　兵庫県佐用郡佐用町下本郷17

〔岡山県〕

美作の国七福神

布袋尊　随泉寺　勝田郡奈義町豊沢831
弁財天　真福寺　津山市加茂町行重1700
恵比須太神　清瀧寺　津山市河面330
毘沙門天　清眼寺　津山市院庄779
寿老人　聖徳寺　津山市小田中1416
大黒天　両山寺　久米郡美咲町両山寺323
福禄寿　玉泉寺　真庭市鉄山857

〔広島県〕

七浦七恵比寿

恵比寿　杉乃浦神社　廿日市市杉乃浦
恵比寿　鷹巣浦神社　廿日市市入浜
恵比寿　腰少浦神社　廿日市市腰細浦
恵比寿　青海苔浦神社　廿日市市青海苔浦
恵比寿　山白浜神社　廿日市市山白浜
恵比寿　須屋浦神社　廿日市市須屋浦
恵比寿　御床神社　廿日市市御床浦

〔広島県・愛媛県〕

せとうち七福神

蛭子　大黒天　大山神社
　広島県尾道市因島土生町1424―2
弁財天　対潮院
　広島県尾道市土生町郷区474―1
寿老人　沢八幡宮
　広島県尾道市瀬戸田町沢224
毘沙門天　光明坊
　広島県尾道市瀬戸田町御寺757
福禄寿　向雲寺
　愛媛県今治市上浦町瀬戸1754
布袋尊　高龍寺
　愛媛県今治市吉海町名2916―2

〔島根県〕

出雲国七福神

大黒天　松源寺
安来市安来町東御幸通１４４６
福禄寿　竜覚寺　松江市寺町１６６
寿老人　本性寺　出雲市小境町１３２
布袋尊　清厳寺　松江市玉湯町玉造５３０
毘沙門天　西光院　出雲市斐川町三絡１０６３
弁財天　弘法寺　出雲市下古志町１６７
恵比寿天　洞光寺　雲南市木次町木次６７１

石見銀山天領七福神

恵比寿　清水大師寺
大田市温泉津町温泉津小浜イ４０８
大黒天　城福寺　大田市仁摩町仁方１１１４
毘沙門天　安楽寺
大田市静間町八日市１５５８
弁財天　波啼寺　大田市仁摩町宅野町１３１５
福禄寿　観世音寺　太田市大森町イ１３８３
寿老尊　高野寺　大田市温泉津町井田４８０
布袋尊　楞厳寺　大田市温泉津町福光ハ67

〔山口県〕

周南七福神

寿老人　閼伽井坊　下松市末武上戎町３９８
恵比寿　清鏡寺　光市浅江２―１―14
福禄寿　荘宮寺　周南市富田新町東２４３８
毘沙門天　多聞院　下松市生野屋３―16―１
大黒天　妙見宮鷲頭寺　下松市中市91
弁財天　高水不動三光寺
周南市大字清尾３１６
布袋尊　大日山冠念寺　光市岩田溝呂井４１８

〔徳島県〕

徳島七福神

恵比寿　圓福寺　徳島市八万町夷山27
大黒天　願成寺　徳島市寺町86
毘沙門天　光仙寺　徳島市伊賀町４―17
弁財天　万福寺　徳島市吉野本町５―２

福禄寿　東照寺　徳島市福島2―3―7
寿老人　清水寺
　徳島市南佐古三番町3―2―4
布袋尊　明王寺　徳島市中前川町2―21

阿波七福神

大黒天　如意輪寺
　徳島市多家良町中津峰2―2
毘沙門天　立江寺　小松島市立江町若松13
福禄寿　取星寺　阿南市羽ノ浦町岩脇松ノ本71
恵比須大神　津峯神社
　阿南市津乃峰町東分343
弁財天　金林寺　阿南市福井町後戸106
寿老人　薬王寺
　海部郡美波町日和佐奥河内寺前285―1
布袋尊　鯖大師本坊　海部郡海南町浅川中相15

〔香川県〕

小豆島七福神

えびす神　土庄八幡神社　小豆郡土庄町大木戸
布袋尊　伊喜末八幡神社　小豆郡土庄町伊喜末
福禄寿　富丘八幡神社　小豆郡土庄町渕崎
寿老神　離宮八幡神社　小豆郡土庄町肥土山
大黒天　亀山八幡宮　小豆郡池田町池田
弁財天　内海八幡神社　小豆郡内海町苗羽
毘沙門天　葺田八幡神社　小豆郡内海町福田

四国讃州七福之寺

恵比寿神　宗林寺
　観音寺市豊浜町和田浜1289―1
大黒天　善性院　三豊市詫間町詫間3676
毘沙門天　延命院
　三豊市豊中町上高野858
弁財天　萩原寺
　観音寺市大野原町萩原2742
布袋福神　宝珠寺　観音寺市高屋町2277
吉祥天　吉祥院　三豊郡仁尾町仁尾丁220
南極福神　密蔵寺
　三豊市財田町財田中3370

〔愛媛県〕

伊予七福神

大黒天　出雲大社松山分祠
松山市本町３―５―５
弁財天　弘願寺　松山市御幸１―２７６
寿老人　厳島神社　松山市神田町１―７
布袋尊　昌福寺　松山市井門町６２３
毘沙門天　文殊院徳盛寺
松山市恵原町３０８
恵比寿　伊豫稲荷神社　伊予市稲荷１２３０
福禄寿　浄土寺　東温市下林１６７１

四国七福神

恵美須　西山興隆寺
西条市丹原町古田甲１６５７
布袋尊　宝寿寺
西条市小松町新屋敷甲４２８
毘沙門天　吉祥寺　西条市氷見乙１０４８
寿老人　前神寺　西条市洲之内甲１４２６
大黒天　横峰寺別院
西条市小松町石鎚甲２２５３
福禄寿　極楽寺　西条市大保木４号
弁財天　安楽寺　西条市丹原町湯谷口甲３０６

南予七福神

毘沙門天　龍光院　宇和島市天神町１―１
福禄寿　永徳寺
大洲市東大洲１８０８十夜ヶ橋
弁財天　観自在寺
南宇和郡愛南町平城２２５３―１
恵比須　竜光寺　宇和島市三間町戸雁１７３
大黒天　佛木寺　宇和島市三間町則１６８３
布袋尊　明石寺　西予市宇和町明石２０１
寿老人　出石寺　大洲市豊茂乙１

〔高知県〕

土佐七福神

大黒天　極楽寺　高知市新屋敷１―５―20
福禄寿　善福寺　土佐市本村１４６６

布袋尊　清光寺　土佐市波介1225
恵美酒神　極楽寺
　土佐市宇佐町宇佐1917
毘沙門天　龍王院
　南国市岡豊町滝本1―2
寿老人　地蔵寺
　香美市土佐山田町影山1119
辨財天　金剛寺　香南市野市町兎田686

〔佐賀県・長崎県〕

肥前国西海七福神

大黒天　大聖院
　佐賀県唐津市西寺町1369
布袋尊　誕生院
　佐賀県鹿島市納富分2011
毘沙門天　高野寺
　佐賀県武雄市北方町志久3245
弁財天　荒熊稲荷神社
　佐賀県伊万里市山代町楠久670
福禄寿　天福寺
　佐賀県伊万里市山代町西分4960
恵比須天　最教寺
　長崎県平戸市岩の上町1206
寿老人　西光寺
　長崎県佐世保市上柚木町3213

〔大分県〕

宇佐七福神

毘沙門天　三明院　中津市大字永添1802
弁財天　神護寺
　中津市三光村大字田口3572
大黒天　善光寺　宇佐市大字下時枝237
布袋尊　大楽寺　宇佐市大字南宇佐2077
福禄寿　圓通寺　宇佐市大字南宇佐1616
恵美須神　瑞倉寺
　杵築市山香町大字野原1841
寿老人　願成就寺
　杵築市日出町大字藤原赤松

八幡大神　宇佐神宮
　宇佐市大字南宇佐2859

豊後高田蓬莱七福神

大黒天　大聖寺
　豊後高田市来縄2604―2
恵比須　高山寺
　豊後高田市小田原140―66
寿老人　案養寺　豊後高田市真中479
弁財天　富貴寺　豊後高田市蕗2395
福禄寿　妙覚寺　豊後高田市荒尾1069
布袋尊　円福寺　豊後高田市玉津坂ノ上495
毘沙門天　長安寺
　豊後高田市加礼川621―2
蓬萊船　恵比須神社（ホテル清照）
　豊後高田市玉津磯1514―1

〔宮崎県〕

日向国延岡七福神

恵美須　光明寺　延岡市古城町2―13
大黒天　竜仙寺　延岡市西階町1―4221
辨財天　天福寺　延岡市小峰町6981
毘沙門天　清高寺
　延岡市稲葉崎町1―1478
福禄寿　如意輪寺　延岡市川島町857
寿老人　大武寺　延岡市大武町199
布袋尊　円照寺　延岡市山下町2―3936

日向之国七福神

恵比須神　今山八幡宮
　延岡市山下町1―3875
大黒天　本東寺　延岡市松山町1133
布袋尊　永願寺
　東臼杵郡門川町加草2321―2
毘沙門天　妙国寺　日向市細島庄手向373
福禄寿　智浄寺　児湯郡川南町通浜
寿老人　一ツ葉稲荷神社
　宮崎市新別府町前浜1420
弁財天　青島神社　宮崎市青島2―13―1

一〇〇字書評

切り取り線

購買動機（新聞、雑誌名を記入するか、あるいは○をつけてください）

□（　　　　　　　　　　　　　　　）の広告を見て
□（　　　　　　　　　　　　　　　）の書評を見て
□ 知人のすすめで　　　□ タイトルに惹かれて
□ カバーがよかったから　　　□ 内容が面白そうだから
□ 好きな作家だから　　　□ 好きな分野の本だから

●最近、最も感銘を受けた作品名をお書きください

●あなたのお好きな作家名をお書きください

●その他、ご要望がありましたらお書きください

住所	〒				
氏名		職業		年齢	
新刊情報等のパソコンメール配信を 希望する・しない	Eメール	※携帯には配信できません			

あなたにお願い

この本の感想を、編集部までお寄せいただけたらありがたく存じます。今後の企画の参考にさせていただきます。Eメールでも結構です。

いただいた「一〇〇字書評」は、新聞・雑誌等に紹介させていただくことがあります。その場合はお礼として特製図書カードを差し上げます。

前ページの原稿用紙に書評をお書きの上、切り取り、左記までお送り下さい。宛先の住所は不要です。

なお、ご記入いただいたお名前、ご住所等は、書評紹介の事前了解、謝礼のお届けのためだけに利用し、そのほかの目的のために利用することはありません。

〒一〇一‐八七〇一
祥伝社黄金文庫編集長　吉田浩行
☎〇三（三二六五）二〇八四
ohgon@shodensha.co.jp

祥伝社ホームページの「ブックレビュー」からも、書けるようになりました。
http://www.shodensha.co.jp/bookreview/

祥伝社黄金文庫

七福神《しちふくじん》の謎《なぞ》77

平成25年12月20日　初版第1刷発行

著　者　武光《たけみつ》 誠《まこと》
発行者　竹内和芳
発行所　祥伝社《しょうでんしゃ》
〒101－8701
東京都千代田区神田神保町3－3
電話　03（3265）2084（編集部）
電話　03（3265）2081（販売部）
電話　03（3265）3622（業務部）
http://www.shodensha.co.jp/

印刷所　萩原印刷
製本所　ナショナル製本

　ISBN978-4-396-31625-9 C0121

祥伝社黄金文庫

井沢元彦　日本史集中講義

点と点が線になる――この一冊で、日本史が一気にわかる。井沢史観のエッセンスを凝縮！

岡田桃子　神社若奥日記

新妻が見た、神社内の笑いと驚きのドキュメント。二千年続く神社に嫁入りした若奥様の神社〝裏〟日記！

加藤眞吾　清水寺の謎

過去に10回以上も焼け、壊された世界遺産・清水寺。時代と政治に翻弄されながらも復興してきた1200年に迫る！

河合　敦　驚きの日本史講座

新発見や研究が次々と教科書を書き換える。「世界一受けたい授業」の人気講師が教える日本史最新事情！

楠戸義昭　京都の旅　醍醐寺の謎

秀吉が死の直前に開いた「醍醐の花見」。なぜ醍醐寺で、なぜその時期に？　数々の謎を解き明かす。

邦光史郎　日本史の旅　法隆寺の謎

左右対称でない回廊、金堂になぜ本尊が三体あるのか……？　謎、謎、謎に包まれた世界最古の木造建築に挑む。

祥伝社黄金文庫

小林恵子《やすこ》
本当は怖ろしい万葉集
天武天皇、額田王、柿本人麻呂……秀歌に隠されていた古代史の闇が、今、明らかに――。

小林智子
主婦もかせげる パソコンで月収30万
人生が変わる！　アフィリエイトの達人たちも太鼓判！　パソコンでお金をかせぐコツとワザがズラリ。

宗教民俗研究所
ニッポン神さま図鑑
便所神・オシラさま……本当の姿、いくつ知ってますか？　ご利益別神さまリスト・全国地蔵マップ付き。

高野　澄《きよし》
日本史の旅 京都の謎 伝説編
インド呪術に支配された祇園《ぎおん》、一《いっ》休《きゅう》和尚伝説、祇王《ぎおう》伝説……京都に埋もれた歴史の数々に光をあてる！

高野　澄
日本史の旅 伊勢神宮の謎
なぜ「内宮《ないくう》」と「外宮《げくう》」に分かれているのか、なぜ二十年ごとに再建されるのか――二千年の謎に迫る。

竹内正浩
江戸・東京の「謎」を歩く
ビルの谷間に、人知れぬ寺社の片隅に……東京にはあなたを歴史の旅人にするタイムカプセルのような空間が！